ENVIE DE BIEN-ÊTRE DANS LA NATURE !

FLORENCE THINARD

DESSINS DE CÉCILE HUDRISIER

plume de carotte

À celles et ceux qui ont permis au yoga d'arriver vivant jusqu'à moi,

À Françoise Mazet et à Dominique Gérin pour leurs enseignements précieux.

INTRODUCTION

Il y a plus de deux millions d'années, le genre *Homo* est né au cœur de la nature. Jusqu'à l'invention des villes, il y a si peu de temps, cet Homme a évolué en immersion dans un univers sauvage. Les deux pieds sur la terre, la roche ou le sable. Le nez et les papilles en quête d'eau douce, de fruits et de racines, de miel et de gibier. Les yeux à l'affût des lumières, des mouvements, des dangers ou des opportunités. La nature a ainsi façonné notre corps, de notre squelette jusqu'au cœur de nos cellules, mais aussi notre cerveau et, avec lui, nos goûts, nos réflexes, nos sentiments. Nos organismes et nos psychés sont encore intimement connectés à ses cycles, aux espaces et aux sons naturels. Le calme, l'harmonie et l'énergie vitale de la nature activent nos zones cérébrales liées au bien-être, à la stabilité émotionnelle. D'où le plaisir et le sentiment de régénération que nous éprouvons en la retrouvant.

Ce livre invite à célébrer ces retrouvailles à travers quatre éléments fondateurs : la terre, l'eau, le feu et l'air. Il propose des activités : cueillir, goûter, respirer, observer, écouter, s'écouter, expérimenter. Ces propositions ont été choisies pour ne demander aucun achat, aucun accessoire. Vous n'avez besoin que de trois ingrédients précieux : vous-même, un peu de temps et un peu de liberté.

Vous-même : le corps attentif, le cœur ouvert, il est possible de se reconnecter à son rythme propre et unique. De s'imprégner des subtilités des feuillages, de la douceur de l'eau, de la qualité du silence, simplement en y portant une attention entière.

Le temps : denrée rare dans nos vies quotidiennes, le temps libre se conquiert un peu plus facilement durant les week-ends et les vacances. Soyez généreux avec vous-même. Osez vous offrir un moment au pied d'un arbre, un lever de soleil, une nuit à la belle étoile ou une sieste en solo au coin d'un champ. Ce sont de magnifiques cadeaux.

La liberté : comme tous les guides, ce livre ouvre des pistes, suggère, propose. Il se veut une source où puiser de l'inspiration, à la ville ou à la montagne, les jours de pluie ou au bord de la mer. Empruntez à votre guise des chemins de traverse, adaptez les postures à votre corps, les mouvements à votre rythme, inventez vos propres joies, (re)tissez l'intimité de vos liens avec la nature, en toute liberté.

« La nature,
notre grand corps
Comme la terre tu es profond
Comme l'arbre tu es fort
Comme l'eau tu es fluide
Comme l'herbe tu es souple
Comme le soleil tu brilles
Comme l'air tu es partout
Comme le ciel tu es infini »

Neale Donald Walsch, 2010

NATURE, n. f.
XIIe siècle. Emprunté du latin *natura*, de même sens, lui-même dérivé de *nasci*, « naître ».
Dictionnaire de l'Académie française

ET AUSSI...

« La nature
à chaque instant
s'occupe de votre
bien-être.
Elle n'a pas
d'autre fin.
Ne lui résistez
pas. »
Henry David
Thoreau, 1854

PREMIÈRE PARTIE

LA TERRE

LÂCHEZ DU LEST

Les émotions négatives, peur, colère, jalousie, chagrin, énervement... sont des poids, posés sur notre poitrine, notre cœur, notre estomac. Déposez-les au sol et laissez faire la Terre.

ROOOAAARRRR !

Des non-dits en travers de la gorge ? À l'abri des regards et des oreilles indiscrets, placez-vous à quatre pattes, relevez la tête pour étirer le cou au maximum et rugissez de toutes vos forces. À l'occasion, griffez le sol ou un tronc d'arbre imaginaire de vos pattes puissantes !

BRANCHEZ-VOUS

Plongez les doigts dans le sable ou dans la terre remuée d'une plate-bande, ou mieux encore : dans un humus profond, au pied d'un arbre. Enfoncez au moins trois doigts, pouce-index-majeur, comme une prise électrique avec une borne terre. Par ce « branchement », laissez filer dans le sol ce qui vous encombre, sans retenue, avec de longues expirations.

TAPEZ DU PIED SUR LA TERRE

Il est mal vu de taper du pied lorsqu'on est en colère et, pourtant, quelle libération ! Choisissez un lieu isolé et tranquille. Placez-vous debout, les deux pieds fermement posés sur le sol, les genoux souples, les bras le long du corps. Serrez les poings. Laissez-vous habiter par votre colère. Tapez du pied d'un côté tout en lançant le poing en direction du sol et en soufflant bruyamment. Enchaînez d'un côté et de l'autre, jusqu'à épuisement… de votre rancœur. Cette pratique énergique peut provoquer des larmes, des cris. Des émotions refoulées peuvent surgir. Reconnaissez-les. Acceptez de les vivre consciemment. Ce déblocage libère de l'énergie et clarifie l'esprit.
Pour retrouver un calme profond, pratiquez une détente au sol (voir p. 12), quelques respirations complètes (voir p. 13) ou une marche paisible.

« Les émotions douloureuses sont saines, elles nous nourrissent : la colère appelle le sentiment de justice, la peur est un signe de courage, la tristesse est une preuve d'amour et le sentiment d'impuissance appelle le renouveau. »
Claire Carré, formatrice en écopsychologie

CAJOLEZ VOTRE VENTRE

La médecine traditionnelle chinoise place dans le ventre le siège de nos émotions.
La science le confirme aujourd'hui : avec plus de 100 millions de neurones, le ventre est notre second cerveau. Il produit, par exemple, l'essentiel de la sérotonine, un neurotransmetteur responsable de la sensation de bien-être.
Pour un automassage de détente du ventre :

- *Frottez vos mains pour chauffer vos paumes et massez votre plexus très légèrement, en dessinant des huit.*

- *Posez une main sur votre nombril et caressez votre ventre en élargissant les cercles, dans le sens des aiguilles d'une montre. Puis en tournant dans l'autre sens, de la périphérie vers le centre.*

GOÛTEZ L'INERTIE DE *SHAVASANA*

La posture de yoga qui offre le plus grand contact avec la Terre porte le nom de *Shavasana*, ou « posture du cadavre ». Ce n'est pas très engageant au premier abord ! Mais bien loin de la mort, *Shavasana* est une intense posture de vie, de présence à soi-même.

1. Allongez-vous comme votre corps le souhaite, dans l'herbe, sur le sable, sur la terre. Étirez-vous, bâillez, soupirez.

2. Amenez les bras le long du corps, paumes tournées vers le ciel. Petit à petit, laissez les muscles se relâcher, les articulations se desserrer. Laissez-vous porter par le sol.

3. Vérifiez que votre corps est droit, la tête dans le prolongement de la colonne vertébrale. Rentrez un peu le menton dans la gorge. Savourez cet alignement, la sensation d'être « dans l'axe ».

4. Quand vous le souhaitez, entrez dans une immobilité de statue.

RESPIRATIONS COMPLÈTES

La respiration naturelle est celle qui remplit le bas des poumons et soulève le ventre. C'est la respiration des bébés, du sommeil profond. Sous l'effet des péripéties de la vie, notre respiration perd de son ampleur et ne remplit plus que le haut des poumons. Ceci a pour résultat de permettre au système nerveux sympathique de prendre les commandes. Or son rôle est de placer le corps en état d'alerte : décharge d'adrénaline, accélération du rythme cardiaque, hausse de la tension artérielle et musculaire. À l'inverse, une respiration lente et profonde rend la main au système nerveux parasympathique qui fait baisser ces défenses : les artères se dilatent, le cœur ralentit, les muscles se relâchent, le calme s'installe.

- *Allongez-vous sur le dos, placez les mains sur votre ventre. En inspirant par le nez, laissez-le se gonfler, puis poursuivez l'inspir en sentant les côtes s'élargir. Poursuivez encore et sentez l'air monter jusque sous les clavicules.*
  Expirez lentement par la bouche en soufflant comme dans une paille. Le ventre s'affaisse, les côtes se resserrent, la poitrine s'abaisse. Marquez une pause avant de reprendre.

5

- *Portez toute votre attention à vos sensations : le contact de vos membres sur le sol, la chaleur ou la fraîcheur sur votre peau, le flot de l'air dans vos narines, dans vos poumons, les mouvements de votre ventre. Si des pensées surviennent, ramenez votre attention au souffle, avec constance.*

6

- *Goûtez l'inertie de la Terre. Cette force puissante que les textes fondateurs du yoga présentent comme une « énergie inactive » : l'obscurité où gît la graine enfouie, l'ignorance qui permet le savoir, la passivité qui peut engendrer l'action.*

DE LA BOUE NAÎT LA PURETÉ

La longue racine du lotus germe dans la vase en décomposition, traverse les eaux boueuses jusqu'à l'air libre, et ouvre sa corolle immaculée au soleil. C'est le symbole bouddhiste de la transformation de matières corrompues en force de vie, des ombres de l'âme en lumière.

« Dix mille fleurs
au printemps,
la lune en automne,
une brise fraîche en été,
la neige en hiver.
Si votre esprit n'est pas embrumé
par des choses inutiles alors
c'est la meilleure saison
de votre vie. »
Wu Men (1183-1260)

TERRE NOURRICIÈRE

Les mots « homme », « humanité », « humilité » partagent une même racine, le latin *humus*, « le sol, la terre ». L'humus est cette terre noire hautement nutritive, issue de feuilles, de bois et de matières organiques. Ces déchets sont peu à peu décomposés par une foule minuscule de bactéries et de champignons, d'insectes et de vers de terre, qui, sans bruit, nourrissent les végétaux, qui nourrissent les herbivores, qui nourrissent les carnivores…

DE LA MARCHE

Simplissime, gratuite et sans danger,
la marche nous régénère, nous apaise,
nous reconnecte à tous nos sens.
Dans la nature, ses bienfaits sont multipliés,
preuves scientifiques à l'appui.

AU VERT, C'EST MIEUX

Les effets positifs de la nature sur la santé intriguent les chercheurs. Des études les quantifient désormais avec précision. Ainsi, des tests sur les taux d'hormones de stress (cortisol et adrénaline) dans la salive et dans l'urine révèlent qu'ils chutent après une marche dans la nature, bien plus qu'après la même marche en milieu urbain. Ces hormones ont des effets négatifs sur le système immunitaire. À l'inverse, l'immunité est boostée par la randonnée, sans doute grâce au contact avec certaines bactéries présentes dans les bois et dans les champs. Après deux jours de balade, on note un bond de 10 % de l'activité des cellules NK (*Natural killer*) qui luttent contre les corps étrangers et les cellules tumorales. Mieux encore, cet effet bénéfique dure les 30 jours suivants !

UN CORPS EN MARCHE

La marche fait travailler le squelette, le système nerveux et presque la moitié de la masse musculaire : les fessiers, les quadriceps des cuisses, les muscles des mollets, les ischio-jambiers (arrière des jambes), les fléchisseurs et les extenseurs des orteils, les muscles des épaules qui balancent les bras, sans oublier les muscles de l'abdomen, du thorax et ceux du dos. Marcher durant une trentaine de minutes augmente la consommation d'oxygène et donc la capacité cardiaque et pulmonaire. Cet effort facilite le retour veineux et diminue la pression artérielle. Il pousse le corps à puiser dans ses masses graisseuses et abaisse le niveau de cholestérol sanguin. Enfin, marcher modifie l'activité du cerveau et équilibre les neurotransmetteurs. Que du bonheur !

REPROGRAMMEZ VOS CAPTEURS

L'équilibre est géré par le cerveau qui utilise notamment des informations envoyées par les capteurs des muscles. Pour développer leur sensibilité, il faut multiplier les sensations différentes : marcher dans l'eau, sur la terre dure, le sable mou, sur les graviers, les galets, dans l'herbe, dans la neige, en montée, en descente… Ces exercices de proprioception sont encore plus efficaces pieds nus.

À SON PAS

Marcher seul permet de trouver son pas, reflet de son propre rythme intérieur. Un pas alourdi de tristesse, un pas vif dans la joie de se sentir vivant. Le plaisir de revenir en arrière, de s'arrêter à l'envi pour admirer, goûter et respirer. Variez votre marche selon vos désirs et vos besoins. N'écoutez que vous.

MARCHE MÉDITATIVE

Pour extraire votre mental du tourbillon de pensées qui l'entraîne sans répit, cultivez la pleine conscience.

- *Tout en marchant tranquillement, portez vos regards au loin. Sur le paysage de prairies ou de vagues, la cime des arbres, le ciel, les nuages, les jeux de lumière à l'horizon. Soyez dans la perception, sans mots, sans jugement.*

- *Puis concentrez votre attention sur ce qui vous est proche : le relief du sol, la couleur des pierres ou du sable, les herbes, feuilles, fleurs, écorces, coquillages...*

- *Arrêtez-vous et écoutez les sons, sans a priori : les oiseaux, un tracteur, le vent, les vagues, votre cœur qui bat. Sentez vos pieds, posés sur la Terre. Accueillez votre respiration, telle qu'elle est en cet instant-là.*

- *Reprenez votre marche en ressentant vos mouvements avec subtilité, de la tête aux pieds.*

- *Si vos pensées dérivent, recentrez votre attention : observez minutieusement une feuille, une pierre, un insecte, retrouvez la compagnie de votre souffle.*
Peu à peu, l'esprit s'apaise, s'allège, se libère.

LIBRE

Offrez-vous une balade sans sac, sans téléphone, sans montre, sans provisions, sans « au-cas-où ». Marchez à votre guise, les mains libres. Marchez le nez au vent, avec légèreté, avec insouciance.

LEN-TE-MENT

Faites l'expérience d'une marche très, très, très lente, si possible pieds nus. Observez les mouvements de vos pieds lorsqu'ils se soulèvent, se posent au sol, se déroulent. Votre centre de gravité se déplace. Votre équilibre se recrée d'instant en instant. Percevez le jeu subtil de la peau, des tendons, des muscles et des articulations – hanche, genou, cheville, pied et orteils. Ressentez le reste du corps : buste, tête, bras, épaules. Appréciez la complexité de la marche et la parfaite synchronisation de votre corps.

NU, C'EST LE PIED

Testez les pieds nus dans l'herbe, dans la terre ou dans le sable. Sensations et bienfaits garantis… si l'on regarde où l'on va. Libérés du carcan rigide des chaussures, les ligaments et les tendons se renforcent et combattent l'affaissement des voûtes plantaires. Les orteils se délient, s'étalent et goûtent les différences de surface et de température.
La transpiration s'évapore naturellement. Si vous vous sentez tendu ou irrité, arpentez lentement de l'herbe mouillée. Plus elle est humide, mieux c'est. L'électricité statique des ions positifs se déchargera dans la terre et vous ferez le plein d'ions négatifs, bénéfiques pour l'organisme. (voir page 61, Il pleut !)

« À quoi bon emprunter sans cesse le même vieux sentier ? Vous devez tracer des sentiers vers l'inconnu. Si je ne suis pas moi, qui le sera ? »
Henry David Thoreau, 1862

« Les jambes des femmes sont des compas qui arpentent le globe terrestre en tout sens, lui donnant son équilibre et son harmonie. »
François Truffaut, 1977

PARCOURS DE VIE

La marche peut être une métaphore de la vie. Au fil d'une balade on peut sentir le temps qui passe, être surpris par une rencontre, trouver l'aventure au coin d'un champ, chercher sa route, s'engager dans un chemin plutôt qu'un autre, revenir sur ses pas, découvrir un « ailleurs »… Un parcours semé de détours, de choix réfléchis et de coups de cœur.

D'AUTRES PISTES

Le Kinhin : pratique zen de méditation en marchant.
La marche afghane : ou comment marcher longtemps, sans fatigue, en synchronisant son pas et sa respiration.
La marche et le jeûne : pour éliminer toxines et déchets tout en préservant les muscles.
Le chemin de Compostelle : un voyage qui peut devenir initiatique, même en quelques étapes.
La « randonue » : des randonnées naturistes pour un contact total avec la nature.

LES PIERRES DU CHEMIN

Le monde minéral est empreint d'une vie aux métamorphoses infiniment lentes. Silencieuses et apparemment immobiles, les roches ont une « expression » énergétique, imagée, symbolique.

ÉLEVEZ UN MONT-JOIE

Inspirés des petites pyramides de pierres bâties par les marcheurs le long des chemins, les mont-joie du Moyen Âge avaient une fonction glorieuse : rappeler un haut fait, une bataille gagnée, un pèlerinage accompli. Pourquoi ne pas bâtir un mont-joie en souvenir d'une de vos propres victoires ? Créez la base en superposant de belles pierres plates, surmontez-les de roches plus petites, couronnez le tout du plus joli des cailloux et réjouissez-vous !

LE MANDALA, CHEMIN D'ÉVEIL

En sanskrit, mandala signifie « cercle ». Symboliquement, il désigne l'environnement, la communauté, l'univers tout entier, mais il est aussi un « dessin » intérieur, reflet de nos différents niveaux de conscience. Pour cela, un mandala doit comporter un centre visible et une périphérie bien déterminée. Dessinez d'abord un cercle, soit en le traçant dans le sable, soit en disposant des galets, des pétales ou des brindilles… Si vous vous sentez « dispersé » ou « éparpillé », remplissez le cercle de la périphérie vers le centre. Si, au contraire, vous éprouvez un besoin de renouveau, d'élan, d'ouverture, partez du centre et rayonnez vers la périphérie.

LES PIERRES QUI « PARLENT »

Un galet poli, un éclat de mica, une boule de granit : soudain, au détour du sentier, au flanc d'une colline, au fond d'une rivière, une pierre nous fait de l'œil. Au creux de la paume, elle révèle ses formes, son poids, sa texture. Avant de la glisser dans sa poche, quelques questions s'invitent. Pourquoi ai-je envie de cette pierre ? À quoi me fait-elle penser ? Un cœur ? Un œuf ? Une lame ? Si je l'emporte, que vais-je déranger de l'équilibre du lieu ? Que deviendra-t-elle chez moi ? Gardienne de ma maison, posée au seuil de ma porte ? Socle d'un mot d'amour peint sur son dos ? Ou petite confidente, « pierre de patience », à la mode persane ? Quelle que soit sa fonction, rechargez-la en énergie en la posant de temps en temps au soleil.

LA POSTURE DU ROCHER

Le rocher fait partie des postures inversées qui placent le cœur au-dessus de la tête. Elles apportent du sang frais au cerveau et permettent de changer de point de vue sur le monde.

- *Placez-vous à quatre pattes, mains et genoux bien à l'aplomb, dos plat.*
- *Déposez le sommet du crâne au sol, au centre de la ligne qui joint vos deux mains.*
- *Lâchez doucement l'appui des mains et venez saisir vos chevilles.*
- *Les pieds se soulèvent, les talons en direction des fesses (1).*
- *Répartissez votre poids entre le sommet du crâne et les genoux. Si l'équilibre est difficile, gardez les pieds au sol (2).*
- *Respirez calmement, en allant vers des expirations de plus en plus longues et des temps de suspension à poumons vides.*

(1)

(2)

« Effritez-vous. Devenez de la terre. Alors les fleurs sauvages pousseront là où vous êtes. Vous avez été cailloux pendant trop d'années. Essayez quelque chose de différent. Capitulez »

Roumi, XIIIe siècle

L'ART EN NATURE

Le *land art* s'inscrit au cœur de la nature, jouant des roches, des sables, du bois, de l'eau, des plantes et de la lumière. Il développe la patience, la sensibilité et la créativité. Par là même, il équilibre nos fonctions cognitives. Tout élément est bon, du moment qu'il vous semble beau : galets, coquillages, fruits, feuilles, bourgeons, plumes, pétales, graminées, lichens, mousses, bois flottés… Alignez, empilez, griffez, tressez, créez des tableaux ou des sculptures, d'éphémères célébrations de la beauté.

DANS LA PRAIRIE

Une prairie à son apogée est
un immense bouquet de fleurs sauvages et
de graminées. Prenez un bain de parfums
et de couleurs, cueillez la joie et la paix.

LE POUVOIR DES FLEURS

Entre les humains et les fleurs, c'est une longue histoire d'amour que retracent les pollens d'achillées, de centaurées et de roses trémières retrouvés dans des tombes néolithiques. Les fleurs ont cette capacité à traduire nos émotions et à nous accompagner dans les événements de la vie, jusque dans la mort. Profitez d'une prairie fleurie pour faire une « bouquet-thérapie » sauvage : à travers cette cueillette, vivez une joie, une tristesse, une autre émotion à reconnaître. Affirmez votre perception, jouez avec les couleurs, dites-le avec des fleurs !

CUEILLIR SANS GÂCHER

Prélevez les fleurs avec discernement. En cas de peuplement rare, il vaut mieux s'abstenir. Coupez les tiges sans déraciner la plante et ayez une pensée de gratitude pour ce cadeau. Attention aussi aux prairies de fauche, reconnaissables à leurs herbes hautes d'au moins un mètre, qui attendent d'être coupées et ne doivent pas être piétinées.

LA BEAUTÉ EST DANS LES DÉTAILS

Réaliser un dessin, même un simple croquis, d'une fleur de chicorée, d'une feuille d'ortie ou d'une fougère oblige à observer avec la plus grande attention les nervures ou les étamines, la courbe d'une tige ou d'une fronde, la subtilité des teintes. Cette observation fine de la nature est un baume de paix pour un mental surmené.

LE FEU D'ARTIFICE DE LA SAINT-JEAN

Vers la fin du mois de juin, les prairies fleuries sont au summum de leur beauté. Une bonne moitié des plantes sont des graminées – folle avoine, fétuque et fléole des prés… – et le reste est composé de fleurs des champs d'une diversité ébouriffante. Le coquelicot, l'épilobe, le trèfle incarnat et la mauve donnent la note des rouges et des roses. Dans la gamme des bleus et violets, on peut trouver le pied-d'alouette, la centaurée, la chicorée sauvage, la campanule, le sainfoin, la luzerne, le chardon-marie, la vipérine, la sauge des prés, la pimprenelle, la véronique, et, bien plus rarement, le bleuet et la nielle des blés qui n'aiment que les champs moissonnés et dépourvus d'herbicide. Du côté des jaunes et orangés : le bouillon blanc, le millepertuis, le souci des champs, le pissenlit, le séneçon, le fenouil, l'aigremoine, le lotier corniculé ou l'onagre. Pour les blancs : l'achillée millefeuille, la pâquerette, la carotte sauvage, la camomille, le trèfle blanc et la marguerite des prés

ARMES DE CHARME

Profitez de vos promenades pour préparer des munitions de guérilla jardinière : des *seed ball*s ou « bombes de graines » en bon français. Récoltez des graines bien sèches et roulez-les dans une terre argileuse. Quand les boules ont durci, lancez-les au pied d'un arbre prisonnier du béton, dans un terrain vague, sur le talus d'un parking. Guettez les fleurs. Délicieusement subversif !

CHHHT, ÉCOUTEZ…

Les prairies de fauche abritent souvent une grande richesse animale. Si l'on fait silence, elles peuvent devenir de véritables salles de concert. Le vent court dans les herbes et les feuillages. Les oiseaux pépient et chantent, les insectes vrombissent. Aux heures chaudes, les grillons champêtres stridulent à cœur joie, les mâles frottant leurs ailes en un chant vibrant. À la tombée du jour, les grenouilles mâles prennent le relais et coassent à tue-tête pour séduire une femelle. Ces vibrations naturelles aux fréquences et aux rythmes différents ont des effets bénéfiques sur notre corps et notre cerveau. Elles abaissent notamment le niveau d'anxiété. L'écoute en silence nourrit la créativité, la joie de vivre et le plaisir d'exister dans ce monde.

EH BIEN, CHANTEZ MAINTENANT !

Joignez votre voix au chœur naturel. Fredonnez, sifflez, gazouillez, roucoulez… Vous pouvez aussi chanter plusieurs fois le son « Om ». « Om », en sanskrit, est une syllabe sacrée qui représente la vibration créatrice de l'Univers mais aussi nos trois niveaux d'énergie : celui du corps, celui du mental et celui de la conscience profonde. Le « Om » fait vibrer le squelette, masse les organes en profondeur et harmonise le psychisme.

- *Asseyez-vous dos droit.*
- *Inspirez profondément.*
- *Relâchez l'air du bas des poumons en émettant un son grave AAAA, puis resserrez les côtes en émettant le son OOO, puis fermez la bouche et laissez bourdonner le MMM dans la gorge et le crâne, diminuendo, en vidant vos poumons. AAAAOOOMMMmmmmm…*
- *Laissez vibrer intérieurement.*

EN QUÊTE DE SILENCE INTÉRIEUR

Les effets de la méditation n'en finissent pas d'étonner les chercheurs. Dans le cerveau, elle agit sur l'amygdale (concernée par la gestion du stress), le cortex préfrontal (fonctions cognitives), l'hippocampe (mémoire), le carrefour temporo-pariétal (créativité et introspection) et le cortex cingulaire postérieur (empathie). Les bienfaits de la méditation sur le cœur, le système immunitaire et la tension artérielle se révèlent peu à peu. Une prairie paisible est un lieu favorable pour y goûter.

- Asseyez-vous confortablement, posez vos mains sur vos cuisses, fermez les yeux si vous le souhaitez.

- Respirez calmement, sans forcer.

- Inspirez en observant avec attention le parcours de l'air dans votre nez, dans votre arrière-gorge, les mouvements de votre poitrine, de votre ventre.

- Expirez en laissant l'air s'échapper naturellement. Observez vos sensations. Ne jugez pas votre souffle, soyez-en le témoin bienveillant.
Si des pensées surviennent, laissez-les surgir puis passer, sans vous y accrocher.

- Revenez avec patience, avec constance, à l'écoute de votre respiration. Comme une eau troublée par la chute d'une pierre redevient peu à peu limpide, le mental s'apaise, les pensées s'espacent, le bavardage intérieur cesse.
Alors la tranquillité intérieure peut s'installer. Le silence. La paix.

PHARMACIE DE CAMPAGNE

Les belles prairies cachent quelques pièges. Les piqûres d'orties ont leur antidote tout proche, le plantain, dont il suffit de frotter les feuilles sur la zone atteinte. Coupure ou choc : l'achillée millefeuille est la plante de l'urgence. Ramassez quelques feuilles, mâchez-les et posez cet emplâtre sur la blessure (contre-indiquée pendant une grossesse car tonique utérin). Attaque de moustiques : dégainez quelques feuilles de menthe ou de mélisse, froissez-les et frottez-les sur la peau.

« Voyez les lis :
ils ne filent ni ne tissent,
et je vous le dis : Salomon
lui-même, dans toute
sa gloire, n'a jamais été vêtu
comme l'un d'eux. »
Évangile selon Matthieu,
chap.6, versets 28-29.

« Le poète s'en va dans les champs ; il admire,
Il adore ; il écoute en lui-même une lyre ;
Et le voyant venir, les fleurs, toutes les fleurs,
Celles qui des rubis font pâlir les couleurs,
Celles qui des paons même éclipseraient les queues,
Les petites fleurs d'or, les petites fleurs bleues,
Prennent, pour l'accueillir agitant leurs bouquets,
De petits airs penchés ou de grands airs coquets,
Et, familièrement, car cela sied aux belles :
– Tiens ! C'est notre amoureux qui passe !
[disent-elles. »

Victor Hugo, 1856

CONCENTRÉS DE FLEURS

Les huiles essentielles : ce sont des extraits volatils de plantes, obtenus par expression ou par distillation à la vapeur d'eau. Beaucoup sont antiseptiques et antivirales, d'autres favorisent la cicatrisation (immortelle), la détente (camomille), d'autres sont antidouleur (menthe) ou anti-piqûres d'insectes (lavande aspic).

Les Fleurs de Bach : mises au point par le docteur Edward Bach dans les années 1930, ces élixirs floraux ont pour but d'équilibrer un état mental ou de faire face à une émotion particulière.

À L'HEURE DE LA SIESTE

Six heures après le réveil, notre horloge biologique programme une baisse naturelle d'activité. Pour restaurer vos forces musculaires et votre équilibre intérieur, répondez à l'appel d'une sieste entre terre et ciel.

CALME ET VOLUPTÉ

Trouvez un beau coin, à l'abri de tout passage. Choisissez votre place, à la mi-ombre aux heures les plus chaudes, pas trop près d'une eau stagnante où naissent les moustiques, ou de bétail qui attire les mouches et les taons. Étalez un plaid. Retirez chaussures et chaussettes. Allongez-vous confortablement mais ne vous endormez pas tout de suite. Approchez votre nez du sol. Respirez les parfums : humus, foin, mousse, herbe foulée, aiguilles de pin... À portée de main, peut-être trouverez-vous les petites fleurs blanches de la camomille matricaire ou un brin de lavande, deux plantes qui favorisent la détente. Posez un chapeau ou un foulard sur vos yeux. Respirez profondément en ressentant chaque partie de votre corps en contact avec le sol : pieds, jambes, bassin, dos, arrière du crâne, mains... Abandonnez-vous, en confiance...

DU BON TEMPS

Une « bonne petite sieste » réparatrice dure de quelques secondes… à vingt minutes environ, soit les deux premières phases du sommeil lent. Une sieste d'une heure trente implique une phase de sommeil profond dont il est parfois difficile d'émerger et qui peut compromettre le sommeil de la nuit.

LES ORTEILS AU SOLEIL

L'heure est propice à un (auto)massage des pieds ultrarelaxant.

Commencez par le pied gauche. Effleurez-le de vos paumes, puis roulez votre poing sur sa plante, étirez doucement chaque orteil, lissez la plante du plat de la main.

Posez un pouce contre le gros orteil et effectuez une douce pression. Pour détendre le diaphragme, muscle essentiel à la respiration, faites un mouvement de va-et-vient avec votre pouce sur toute la largeur de la plante, à environ 5 cm de la base des orteils.

Pour combattre la sensation de jambes lourdes, favorisez la circulation du sang et de la lymphe : posez le bout de vos doigts entre vos orteils et remontez vers le dessus du pied, plusieurs fois. Puis massez la tranche extérieure du pied, le talon, le pourtour de l'os de la cheville et le cou-de-pied. Passez au pied droit.

SE LEVER EN DOUCEUR

En vous réveillant, inspirez profondément, bougez d'abord les doigts, les mains, les orteils, les pieds. Venez déposer vos bras au sol derrière votre tête et étirez-vous des talons jusqu'au bout des doigts, plusieurs fois, sur l'inspiration. Vos yeux s'ouvrent. Admirez le monde. Amenez un sourire sur vos lèvres. Pliez vos genoux contre votre poitrine, mains sur les genoux pour effectuer de petits « huit » et masser vos lombaires. Roulez par un côté. Vous êtes prêt à vous asseoir et à vous lever tranquillement.

RÉVEIL DES CHAKRAS

Le mot *chakra* signifie « roue » en sanskrit. En Ayurveda, la médecine traditionnelle indienne, les chakras sont des centres à partir desquels l'énergie vitale se diffuse dans le corps. Ils assurent ainsi l'équilibre physiologique, émotionnel et spirituel. Éveillez cette énergie subtile :

- *Debout, les pieds bien enracinés, les genoux souples, placez vos deux mains dos à dos au niveau de votre pubis.*

- *Amenez votre attention à la base de votre colonne vertébrale.*

- *En inspirant, montez les mains devant vous et visualisez au fur et à mesure vos sept chakras : au niveau du pubis (rouge), du nombril (orange), du plexus solaire (jaune), du coeur (vert), de la gorge (bleu), au milieu du front (violet), au sommet du crâne (indigo). Imaginez que l'air inspiré leur apporte lumière et détente.*

- *Au-dessus de votre tête, séparez les mains et redescendez les bras le long de votre corps. Plusieurs fois, à votre convenance.*

- *Lorsque vous cessez, observez la qualité de votre souffle, les sensations dans l'espace de chaque chakra, puis dans votre corps tout entier.*

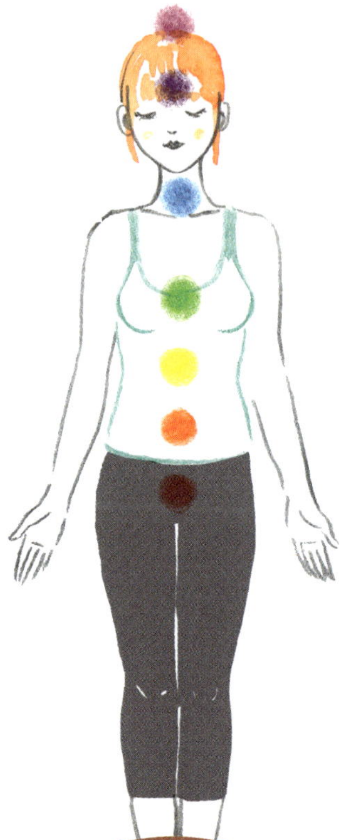

« Écoute
aux tempes rocheuses
des présences dispersées
le mot qui fera ton
sommeil chaud comme
un arbre de septembre »
René Char,
1948

DANS UN « BAIN DE FORÊT »

Stressés par leurs mégalopoles, les Japonais ont inventé le concept de *shinrin-yoku*, le « bain de forêt », pour se ressourcer et induire naturellement un état de méditation.

HOMO NATURALUS

Le genre *Homo* parcourt la Terre depuis deux millions d'années durant lesquelles la nature a littéralement façonné son corps, son cerveau et ses sentiments. Se retrouver dans un environnement naturel active deux parties de notre cerveau le plus ancien, le cortex cingulaire antérieur et le cortex insulaire. Ils sont associés à la stabilité émotionnelle, à la conscience de soi et au « pont » entre sensations et pensées. Par ailleurs, la dominance vert-bleu apaise l'esprit. La lumière et les sons naturels focalisent l'attention sans projeter le mental vers le passé (source de dépression) ni vers le futur (source d'anxiété). Baigner ainsi « dans l'instant présent » est un répit pour nos cerveaux saturés par une multiactivité permanente. Sortez donc au contact de la nature dès que possible, même cinq minutes (20 dans l'idéal). Marchez en respirant calmement, écoutez avec votre corps, le cœur ouvert. Votre cerveau primitif vous remerciera !

UNE PROMENADE GINKGO

Au Japon, les promeneurs aux âmes de poète cherchent l'inspiration en forêt, lors d'une quête connue sous le nom de « promenade ginkgo ». Là, ils s'adonnent à l'écriture de haïkus, ces brefs poèmes écrits au présent ou à l'infinitif, sans rimes. Traditionnellement, les haïkus sont composés de trois vers, le premier de 5 syllabes, le deuxième de 7, le troisième de 5. Toutefois votre liberté est entière. Suggérez la nature, les paysages, les couleurs, les parfums et les sensations. Servez-vous des contrastes : immuable / éphémère, lourd / léger, silence / bruits, immobilité / mouvement. Mélangez ou juxtaposez les idées et les images sensorielles. Inventez des mots, usez d'humour, tel Nishiyama Soin, grand poète japonais du XVIIe siècle :

À force de contempler
Les fleurs de cerisier
Torticolis.

IKEBANA DE BRANCHES

Des branches sèches ou délicatement prélevées dans un buisson font de magnifiques bouquets. Si elles sont fraîches, écrasez ou fendez les tiges pour qu'elles puissent boire l'eau du vase. Sèches, plantez-les dans un pot empli de sable ou de terre. Ajoutez des graminées, cherchez l'harmonie entre verticales et courbes, jouez de la texture des feuilles, de la rigidité des branches et de la souplesse des tiges.

« D'ici on n'entend pas le bruit des vagues le bleu de la mer. »
Hōsai Ozaki (1885-1926)

LE VERT, L'OR ET LA POURPRE

La couleur des feuilles varie en fonction de la chlorophylle qu'elles contiennent. Au printemps, elles sont gorgées des pigments verts de chlorophylle. Celle-ci permet la photosynthèse, c'est-à-dire la transformation de l'énergie solaire en matière organique. À l'automne, le froid détruit la chlorophylle et les autres pigments apparaissent : les caroténoïdes qui donnent les couleurs jaunes et les xanthophylles aux tons orangés.

BOUSSOLES VÉGÉTALES

Pour vous orienter dans la forêt, observez les arbres. Du côté où ils reçoivent le plus souvent la pluie, les troncs sont couverts d'une mousse plus verte et plus dense : c'est le sud-ouest. Sur une souche, les cercles de croissance sont aussi plus larges au sud-ouest. Quant aux écorces qui portent des nervures, celles-ci sont plus visibles côté sud.

« Tout parle.
Et maintenant,
homme, sais-tu pourquoi
Tout parle ? Écoute bien.
C'est que vents, ondes, flammes
Arbres, roseaux, rochers,
tout vit !
Tout est plein d'âmes. »
Victor Hugo,
1856

LES INVISIBLES DE LA FORÊT

Les esprits de la forêt ont de tous temps fasciné les hommes. Les poètes grecs chantaient les dryades, ces nymphes dévouées aux soins des arbres, et parmi elles, les hamadryades, attachées à un arbre en particulier. Ils côtoyaient des faunes, esprits des arbres semblables au dieu Pan et prêts à converser avec les humains. Gnomes cachés dans les racines, sylphides voletant dans les feuillages, fées des sources et des clairières… Pour les romantiques du XIXe siècle, ils étaient présents dans tout ce qui est naturel : pierres, rivières, fleurs, forêts, vent, soleil ou nuages. Rejetés par la civilisation industrielle, ils se font invisibles et muets, sauf à qui sait voir, écouter, croire…

RENCONTRES AVEC UN ARBRE

Dans la tradition bouddhiste, les arbres ont la faculté de capter les flux célestes bénéfiques et de les guider vers les hommes. Avec ou sans visée spirituelle, un *tree hug*, – « accolade » ou « câlin d'arbre » – offre le plaisir d'enlacer un être sauvage et majestueux.

BONJOUR

Allez vers un arbre qui vous semble beau, sain, puissant, harmonieux. En vous approchant, peut-être sentirez-vous une énergie émaner de lui. Faites une pause et saluez ce superbe être vivant. Tendez les mains pour essayer de capter son champ énergétique. Les *treehuggers* émérites disent percevoir alors l'assentiment de l'arbre, une invitation à venir plus près.

PEAU À PEAU

Tenez-vous au pied de l'arbre. Prenez le temps de contempler sa ramure, son feuillage, son écorce. Sentez son odeur. Enracinez vos propres pieds dans le sol. Posez vos paumes contre le tronc. Restez à l'écoute de vos sensations dans les mains, les bras, le corps tout entier. Écoutez vos désirs : celui d'étreindre l'arbre comme un ami, ou de vous asseoir contre son tronc, ou d'y presser votre front, votre ventre, votre poitrine. Laissez venir à vous les « réponses » subtiles de l'arbre, sans attentes particulières.

COEUR À COEUR

Vous pouvez demander à cet arbre de la vigueur, de la force de vie, de la paix. Asseyez-vous dos et tête appuyés contre son tronc. Concentrez-vous sur votre respiration et laissez-le faire. Si le cœur vous en dit, parlez-lui librement. Il sera le fidèle gardien de vos secrets. Accueillez les mots, les images ou les émotions qui peuvent se présenter à vous.

Merci !

Après ces instants de partage, ne tournez pas les talons sans remercier l'arbre pour ce qu'il vous a offert. Au minimum de l'oxygène et des ions négatifs, particules antistress et antifatigue dégagées par ses feuilles. Au maximum…

Le chant de la sève

Organiquement, l'arbre nous est proche. Sève et sang ont la même fonction : apporter et distribuer l'énergie dans tout l'organisme. Au printemps, la sève remonte dans les troncs des feuillus pour alimenter leur ramure. Collez votre oreille à l'écorce fine et lisse d'un platane, d'un marronnier, d'un merisier ou d'un bouleau et écoutez vibrer ce liquide vital.

« Saviez-vous que les arbres parlent ? Ils le font pourtant ! Ils se parlent entre eux et ils vous parleront si vous écoutez. »
Tatanga Mani (1871-1967)

« Jadis,
les arbres étaient
des gens comme nous
Mais plus solides,
Plus heureux,
Plus amoureux peut-être
Plus sages, c'est tout. »
Jacques Prévert, 1976

Résineux ou feuillu ?

Les écorces et les feuilles des arbres produisent des huiles essentielles. Les résineux émettent ainsi abondance de terpènes dynamisants et antimicrobiens, comme la térébenthine. L'effet est si puissant, surtout en été, qu'il peut augmenter la tension artérielle. Si vous vous sentez stressé, préférez un feuillu aux effets toni-sédatifs.

LA POSTURE DE L'ARBRE

Dans cette posture d'équilibre, le bas du corps est solide, telles de puissantes racines qui s'enfoncent dans le sol et s'ancrent autour des pierres. Le haut du corps à la fois droit et détendu car un arbre est solide parce qu'il est souple, qu'il laisse ses branches ployer aux vents violents.

1. *Commencez par éveiller vos pieds en enroulant et déroulant vos orteils, en tapotant le sol avec l'avant de la plante, les côtés du pied, le talon.*

2. *Les deux pieds au sol, ancrez-vous. Ressentez le contact avec l'herbe, le sable, la terre. Imaginez que vous pouvez y enfoncer chaque orteil comme une racine.*

3. *Déplacez lentement votre centre de gravité d'avant en arrière, sur les orteils puis sur les talons, en suivant votre souffle. Puis passez le poids du corps d'un pied sur l'autre, en observant les sensations dans la jambe porteuse.*

4. *Retrouvez l'équilibre au centre. Prenez un point d'appui avec votre regard, au sol ou à l'horizon.*

5. *Amenez le poids du corps sur une jambe et placez tranquillement le pied libre en appui sur la cheville fixe. Si votre équilibre est stable, il est possible de monter le pied au niveau du mollet ou de l'aine. Chacune de ces possibilités est un équilibre différent, intéressant en soi.*

6. *Placez les mains jointes devant votre poitrine ou au-dessus de votre tête. Respirez dans votre ventre.*

7. *Vous voilà arbre, fermement planté dans la terre, poitrine ouverte, cœur ouvert. Prêt à recevoir la pluie, le vent, le soleil, la vie.*

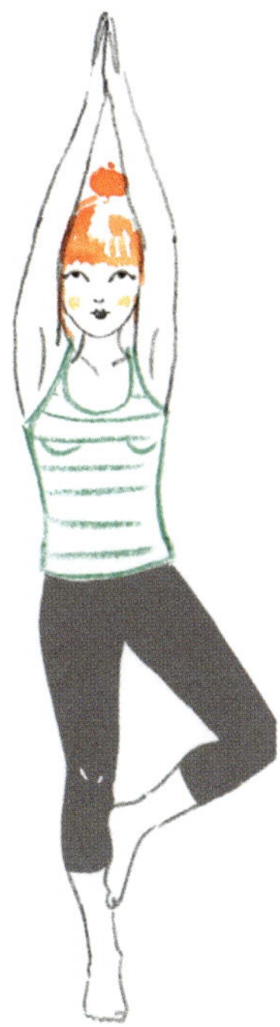

ARÔMES DES BOIS ET DES CHAMPS

La nature foisonne de saveurs et de parfums. Retrouvez vos instincts sauvages : cueillez, froissez, flairez, croquez. Sans feu ni cuisson, tentez l'aventure de l'arôme pur !

LES HERBES FINES

Les talus et les prés regorgent de plantes aromatiques dont on peut humer et grignoter les feuilles. En terrain lourd poussent une vingtaine de variétés de menthes (poivrée, pouliot, verte, sylvestre, de Corse…), de la mélisse, du pissenlit, de l'oseille, du plantain, de l'angélique, de l'épinard Bon-Henri, de l'ail des ours. En sol sec et ensoleillé viennent le thym serpolet à l'odeur corsée, la sarriette des montagnes que les Provençaux surnomment « poivre d'âne », la sauge des prairies aux fleurs bleu azur et à l'odeur légèrement camphrée, le romarin aux senteurs de térébenthine, le fenouil et son cousin l'aneth aux saveurs anisées.

TENDRES FEUILLAGES

Au printemps, beaucoup de jeunes pousses vertes peuvent se manger crues, lorsqu'elles se coupent encore d'un coup d'ongle : celles des sapins, des pins et des genévriers. Elles sont acidulées, toutes très riches en vitamine C. De même les feuilles tendres, presque translucides, des tilleuls, des hêtres et des bouleaux.

BELLES À VOIR, BONNES À MANGER

Les fleurs comestibles sont légion. La pâquerette, la primevère, la mauve, la violette, la bourrache (seulement ses pétales), la cardamine des prés au goût de chou, les bleuets qui sentent l'artichaut, le millepertuis parfumé au citron, la reine-des-prés à la saveur d'amande, les fleurs de sureau noir aux arômes de muscat. On peut manger les jeunes fleurs de carotte sauvage et ses graines lorsqu'elles sont encore rosées (la carotte se distingue de la toxique ciguë par son odeur… de carotte et une immanquable fleur pourpre au centre de son ombelle blanche). Pour butiner le nectar sucré de l'acacia, du chèvrefeuille ou du trèfle, séparez les pétales des sépales verts et suçotez la base des fleurs.

ABONDANCE DE BAIES

Les baies bleues, rouges ou pourpres doivent leur couleur aux anthocyanes, des pigments aux puissants effets anti-oxydants, anti-âge et anti-cancer. Outre les classiques mûres, framboises et fraises des bois, testez les baies de genévrier, dont les cônes charnus, bleu-noir et légèrement sucrés, parfument habituellement la choucroute. En montagne, craquez pour les myrtilles, non pas en les gobant une par une, mais en en cueillant une bonne poignée que vous verserez dans votre bouche : explosion sucrée-parfumée garantie. Pour profiter de la vitamine C des cynorhodons, les fruits rouge orangé de l'églantine, attendez que le gel les ait ramollis. Moins connues, mais exquises et fréquentes dans les bois : les cornouilles parfumées à la cerise, les amélanches et les cormes – à manger blettes – aux saveurs de poire.

CRAQUEZ POUR LES GRAINES

Les cadeaux croquants de l'été sont les amandes, ceux de l'automne les noix et les noisettes (qui contiennent du sélénium, un oligo-élément qui apaise le système nerveux) mais aussi les faines du hêtre, semblables à de petites châtaignes triangulaires, dans leur coque couverte de poils. En hiver, croquez les délicats pignons de pin, glissés entre les écales des cônes de pin parasol. Pour les déloger de leur cachette, mettre quelques pommes de pin dans un sac de toile solide – ou un blouson en jean ! – et le frapper contre un rocher. Ou alors allumer un grand feu et laisser les écales s'ouvrir à la chaleur.

À QUI SONT CES BEAUX FRUITS ?

En fin d'été, nombre de vénérables pommiers et cognassiers laissent tomber leurs fruits dans l'herbe. Si les fruits tombent sur la route ou dans le fossé, qui font partie de l'espace public, vous pouvez les ramasser. Glaner ainsi les fruits au sol est un droit reconnu par édit royal depuis 1554 ! Dans un terrain privé, on ne peut glaner au sol « qu'après enlèvement de la récolte, et avec la main, sans l'aide d'aucun outil », dit la loi. Enfin il est tout à fait interdit de grappiller, c'est-à-dire de cueillir des fruits restés sur un arbre ou sur un cep de vigne.

CURE DÉTOX

L'automne est l'occasion idéale de pratiquer une monodiète de raisins durant quelques jours. Ce repos digestif permet au foie et aux intestins de se désintoxiquer en profondeur et au corps de faire d'impressionnantes réserves de vitalité avant l'hiver. Il est aussi possible de faire une cure de pommes mais le raisin est particulièrement assainissant et riche en nutriments : acides organiques, tanins, anthocyanes, flavonoïdes… Informez-vous sur les règles à respecter pour entrer et sortir de la cure sans difficultés, pour bien s'hydrater. Attendez que les raisins – forcément bio – soient vraiment mûrs et bien sucrés et lancez-vous !

« Voici des fruits,
des fleurs, des feuilles
et des branches
et puis voici mon coeur,
qui ne bat que
pour vous. »
Paul Verlaine,
1874.

LE BOULEAU, C'EST LA SANTÉ

À la fin de l'hiver, une cure de sève de bouleau est un vrai nettoyage de printemps grâce à ses propriétés drainantes, diurétiques et dépuratives, sa richesse en minéraux et oligo-éléments. Un verre tous les matins suffit. Elle peut s'acheter… ou se recueillir sur un arbre. Le plus simple est de couper une branche de 5 cm de diamètre et de la suspendre au-dessus d'un seau pour obtenir un ou deux verres. Autre technique : choisissez un gros bouleau, percez son tronc sur 2 cm de profondeur et introduisez une paille ou un bout de roseau dans le trou. Après prélèvement, vous pouvez le remercier et refermer l'incision avec un bouchon de feuilles.

QUELQUES PRÉCAUTIONS

Ne consommez que les plantes que vous êtes sûr de reconnaître. Toute sensation d'âcreté ou d'amertume doit inciter à cracher ! Consommez avec modération, votre estomac peut avoir besoin d'un apprentissage. Évitez de manger des plantes cueillies sur le bord des routes ou des lisières de champs traités aux pesticides. L'échinococcose, la « maladie de l'urine de renard », a refroidi plus d'un promeneur gourmand et incite à ne ramasser que les fruits à hauteur de main. Elle reste toutefois rare et se transmet par les excréments et les végétaux souillés.

« Une vague molle de parfum guide les pas vers la fraise sauvage, ronde comme une perle, qui mûrit ici en secret. »
Colette, 1934

POUR GLANER PLUS LOIN

Plusieurs associations glanent et redistribuent les trop-pleins de légumes ou de fruits : Renouer-cueillette solidaire dans les Alpes-Maritimes, Fruimalin en Bourgogne, Re-bon en Bretagne…

Les « simples » et les « sauvages » intéressent les grands chefs et reviennent dans nos cuisines. Les livres de recettes et les stages de cueillette fourmillent.

AU VERT EN VILLE

Nous descendons de 350 000 générations d'humains qui ont vécu immergées dans la nature. Ses rythmes et son souffle sont inscrits en nous. Même en ville, nous pouvons entretenir ce lien vital.

CULTIVEZ LA CONSCIENCE

Chercher les éléments naturels autour de vous et consacrez-leur toute votre attention. Cette conscience fait la qualité de la relation. Nourrissez vos sens de quelques herbes folles échappées d'un trottoir, d'un mur couvert de lierre, de la ramure d'un arbre, du tambourin de la pluie, d'un nuage d'or par-dessus les toits. Caressez les chats et les chiens. Oubliez les pigeons et guettez les passereaux : moineaux, mésanges bleues et charbonnières, merles, étourneaux, bergeronnettes, rouges-gorges, hirondelles, martinets. Le long des fleuves flottent même parfois des mouettes rieuses, des cygnes sauvages, des grèbes…

VUE SUR LA VERDURE

Recherchez la compagnie des plantes chez vous et au travail. Des études menées en hôpital démontrent que leur simple vue favorise la production d'endorphines, des neurotransmetteurs qui soulagent le stress et accroissent le plaisir. En milieu scolaire, la présence de plantes active la confiance en soi des élèves, réduit les conflits et favorise la concentration en offrant au cerveau des temps de repos cognitif. Certaines plantes possèdent en outre des propriétés dépolluantes en absorbant benzène et formaldéhyde. Si par chance vous pouvez jardiner, vous gagnerez en force musculaire, en souplesse et en rendement cardiaque.

JARDIN DE POCHE

Un appui de fenêtre suffit à quelques aromatiques peu exigeantes en soins mais généreuses en parfum. La mélisse, à l'odeur délicate de citronnelle, donne une tisane apaisante et digestive. Ses cousines, la menthe des champs et la menthe poivrée, sont toniques et stimulantes. Toutes trois supportent l'ombre. Le basilic, lui, demandera du soleil. Choisissez une variété vivace (*Ocimum gratissimum*) pour profiter hiver comme été de son arôme poivré, de son effet régulateur des hormones de stress, de ses propriétés anti-oxydantes et de sa vitamine K.

« Il ne suffit
pas d'un tas de maisons
pour faire une ville
Il faut des visages
et des cerises
Des hirondelles bleues et
des danseuses frêles. »
Tahar Ben Jelloun,
2005

J'AI UN QUART D'HEURE

Quinze minutes suffisent pour évacuer le stress, se recentrer et se recharger en énergie. Trouvez un square ou un quai au bord de l'eau et faites – en toute discrétion – le plein de vitalité.

Évacuez les tensions

- Inspirez en ouvrant les bras. L'oxygène neuf file dans vos globules rouges qui le distribuent dans vos organes et vos tissus.
- Poumons pleins, frottez votre poitrine en suivant le trajet des côtes jusque dans le dos.
- Expirez bouche ouverte, en relâchant vers l'avant. L'expir évacue les déchets physiologiques et les toxines émotionnelles.

Gommez le stress

- Posez votre main au-dessus de votre nombril et remontez vers le sternum jusqu'entre les seins, la zone du plexus solaire et du cœur. Massez de bas en haut, avec quatre doigts. Respirez sans à-coups. Accueillez des soupirs.

Captez l'énergie

- Portez votre attention dans vos pieds. Sentez leur appui sur le sol. Imaginez que de puissantes racines en partent, perforent le macadam et plongent dans le sol. Visualisez l'énergie de la Terre qui, telle une sève, monte le long de vos jambes jusqu'à votre bassin. Vous pouvez lui donner une couleur : rouge, blanche, verte... En plusieurs inspirations, faites-la monter dans votre ventre, votre dos, votre tête. À l'expiration, laissez-la redescendre dans le sol.

Soyez debout

- D'aplomb sur vos deux jambes, les bras le long du corps, grandissez-vous puis tournez les paumes vers l'avant. La poitrine est ouverte, les épaules détendues, les genoux déverrouillés. Vous êtes un trait d'union entre la Terre et le ciel. Goûtez à cette verticalité avant de reprendre le fil de votre journée.

En bonne compagnie

Recherchez la proximité des arbres. Ils semblent parfois faire partie du mobilier urbain mais sont bien vivants et prodiguent leurs bienfaits avec une discrète générosité. Non seulement ils produisent de l'oxygène mais ils purifient l'air en captant une partie des polluants en suspension dans l'air – $C0_2$, métaux lourds, particules fines et aérosols. Leur feuillage filtre et atténue les bruits de la ville, rafraîchit et humidifie l'air, protège le promeneur du soleil et des intempéries. Les arbres réintroduisent la nature en ville et redonnent à certains quartiers une dimension humaine. Comme la musique, ils adoucissent les mœurs : les relations humaines prospèrent dans les squares et il a été observé que les automobilistes roulent généralement moins vite sur des axes bordés d'arbres.

D'autres jardins urbains...

- L'association Les jardins partagés pour cultiver légumes, fleurs et relations humaines.
- L'association Les Incroyables Comestibles pour changer l'espace public en jardin potager géant et gratuit.

« Le ciel est, par-dessus le toit,
Si bleu, si calme !
Un arbre, par-dessus le toit,
Berce sa palme. »
Paul Verlaine, 1881

Jardin japonais : Micro-jardin, maxi-effet

Les jardins japonais recréent sous une forme symbolique la nature dans toute sa plénitude, pierres, eau, plantes. Inventez-vous un jardin de contemplation miniature, espace de paix et de beauté.

1

- Dans une jolie coupe, un plateau profond ou un plat à bonsaï, déposez un lit de sable ou de gravier. Trouvez une belle pierre, ce sera la montagne-centre du monde, la montagne cosmique.

2

- Disposez quelques plantes grasses de forme, de texture ou de couleur différentes. La famille des *Crassula* se prête bien à cet exercice. Elles supportent la sécheresse et certaines ressemblent à de petits arbres.

3

- L'eau, mer ou lac, sera rendue par de fins graviers ou une coupelle remplie. L'eau est une métaphore de la vie humaine : elle jaillit d'une source, prend de la force en suivant son cours, se fond paisiblement dans l'océan et retombe en pluie. Naissance, croissance, mort et renaissance.

« Si vous restez proche de la nature, de sa simplicité, de petites choses à peine remarquables, ces choses peuvent soudain devenir magnifiques et incommensurables. »

Rainer Maria Rilke, 1929

4

- Vous pouvez ajouter un sentier sinueux en minuscules pierres plates, quelques rochers isolés comme des îles, un coquillage. Veillez toutefois à laisser des espaces vides. Le vide, le Ma japonais, est un élément essentiel. Il est à la fois un espace physique aperçu au détour d'un chemin, un espace visuel où l'on ne pénètre qu'en esprit et un espace-temps de pause, de liberté. Il est le vide médian entre le passé et l'avenir. Il est l'instant présent.

5

- Promenez-vous en pensée dans votre jardin. Vagabondez, respirez. À l'aide d'un mini-râteau de bois (ou d'une petite fourchette), vous pouvez tracer des lignes dans le gravier, suivre votre inspiration, chercher l'harmonie.

« Comment renouer avec la Nature un lien qui éveille en nous un sentiment intense de vie et de sécurité, ici, au bord de l'eau ? »
Kathleen Dean Moore, 2006

DEUXIÈME PARTIE

L'EAU

ÉNERGIES MARINES

Le corps humain est constitué de 70 % d'eau et de 30 % de solide, soit le même rapport qu'entre les océans et les terres émergées du globe... Mouvante, infiniment vivante, la mer entre en résonance profonde avec notre corps et notre psyché.

MÈRE DE LA VIE

La vie est née dans l'eau de mer car, protégées du soleil, des molécules ont pu s'y combiner en structures complexes. Les premières cellules sont ainsi apparues il y a plus de 3,5 milliards d'années sur des espaces découverts par les marées. Peu à peu, les océans se sont peuplés d'infimes algues bleues, puis d'organismes de plus en plus évolués. En quittant la vie aquatique, ils n'ont pas quitté l'eau : ils l'ont emportée avec eux, dans leur propre corps. L'eau salée est donc toujours le principal composant de nos organes, de notre sang, de notre lymphe et de nos cellules. Comme les eaux océanes, nos liquides physiologiques sont sujets aux phénomènes de marée sous l'action conjuguée de l'attraction de la Lune et du Soleil. Le corps féminin en particulier, dont le cycle menstruel correspond peu ou prou aux périodes de rotation lunaire autour de la Terre.

FRAÎCHE, RICHE, LUMINEUSE

Nagez, marchez, barbotez dans l'eau de mer le plus souvent possible. L'eau fraîche, voire froide, tonifie le cœur, resserre les vaisseaux capillaires de la peau et dilate ceux des organes profonds. Elle pousse le corps à activer l'énergie pour compenser le mini-choc thermique : un bain de jouvence ! Si vous buvez la tasse, réjouissez-vous : vous avez avalé 60 oligo-éléments d'un coup : iode, zinc, sélénium, phosphore…
Faites l'expérience de nager le matin très tôt et à la nuit tombée. La plus familière des plages devient alors un autre univers. Si la crête des vagues semble phosphorescente, c'est qu'il y flotte du plancton bioluminescent. Certaines de ces micro-algues s'illuminent sous la poussée de l'eau. Lancez-vous sans hésiter, elles souligneront chacun de vos gestes d'une myriade d'étoiles scintillantes… divin !

UN COURANT QUI PASSE

Fluide, l'eau s'infiltre dans tous les espaces « vides », disparaît dans les profondeurs, puis rejaillit, transformée, purifiée. Sans forme propre, elle contourne les obstacles, les érode en douceur mais avec obstination. Elle fait des détours mais toujours suit son chemin. Symboliquement, l'eau est liée à l'inconscient, aux émotions, à la poésie, à l'aspect féminin et à la fécondité, aux cycles, aux flux et aux reflux. Dans les relations, l'énergie Eau peut signifier l'ouverture, la disponibilité, l'empathie. Si elle vient à déborder, elle peut rendre influençable et hyper émotif.

EXALTANTES TEMPÊTES

Officiellement, on parle de tempête lorsque la force du vent atteint 10 degrés sur l'échelle de Beaufort, soit 89 km/h avec des lames de 12 mètres de haut. Il vaut mieux alors rester à l'abri. Un coup de vent (de 60 à 88 km/h) offre déjà le beau spectacle de vagues de plus de cinq mètres. À admirer en évitant de traîner sur les jetées ou les rochers exposés. Dans la vision romantique selon laquelle la nature est le reflet de notre âme, la tempête vibre de fureur mais aussi de force indomptable !

SUR LA PLAGE ABANDONNÉS

Partez en quête de coquillages dès que la marée haute commence à redescendre. Le temps est idéal quand le vent vient de la terre : l'eau soufflée en surface refoule en passant par le fond, là où vivent les petits mollusques. Elle rejette ensuite leurs coquilles vides sur la plage. Notez que vous pourrez emporter vos coquillages mais ni sable, ni galets, qui appartiennent au domaine public maritime.

BOIS FLOTTÉ

Le bois flotté a longuement séjourné dans l'eau, porté par les courants, ballotté par les vagues. Ce voyage a arraché ses parties tendres, l'écorce et l'aubier, et il a mis à nu le duramen, le « bois parfait ». Poli par le sable, grisé par le soleil, imprégné de sel et hors d'atteinte des insectes, le bois flotté peut devenir sculpture, élément d'un mandala, d'un carillon, d'un mobile…

LES VERTUS DU CHÂTEAU DE SABLE

Non seulement vous deviendrez l'idole des enfants, mais vous gagnerez en souplesse (travail accroupi), en force dans le dos et les épaules (pensez à plier les genoux pour pelleter). Exprimez votre créativité. Sculptez, moulez et décorez d'algues et de galets. Ajoutez des jardins, des canaux et des cascades en coquilles d'huîtres. Recette secrète pour un matériau « béton » : comptez une tasse d'eau pour 50 tasses de sable. Les molécules d'eau salée jouent alors parfaitement le rôle de « colle » entre les molécules de silice du sable. Autre règle d'or pour des édifices solides : la hauteur ne doit pas dépasser six fois la largeur de la base.

SABLOTHÉRAPIE

Changez une peau de squale en peau de sirène par un peeling doux : frottez vos coudes, vos talons et vos jambes avec une poignée de sable humide et propre. Dans la version bain intégral, creusez (ou faites creuser !) un trou de dix centimètres de profondeur à votre taille et recouvrez-vous de sable chaud, la tête protégée du soleil. Restez une dizaine de minutes avant d'aller vous baigner.

DES PLAGES ET DES PAGES

Une plage peut être une page blanche où laisser des mots, telles des empreintes de pas sur le sable. Installez-vous confortablement, bloc et stylo à portée de main. Faites silence et laissez-vous pénétrer par les sons, les lumières, l'atmosphère. Contemplez les vagues, les dunes, les falaises, le ciel, la vie autour de vous. Ne cherchez pas à décrire ou à analyser. Portez simplement attention aux couleurs, aux textures, aux subtilités des nuances.
Si des émotions apparaissent, accueillez-les. Laissez les mots monter en vous comme des bulles à la surface de l'eau. Notez, sans souci d'orthographe ni de syntaxe. Ne filtrez pas, ne censurez pas. Comme un pêcheur lance ses filets, ramenez de vos profondeurs des poissons gros et petits, du sable, une étoile de mer, un monstre, un trésor, qui sait ? Laissez ces mots voguer dans votre esprit, bruire en écho, tisser des liens. Peut-être en tirerez-vous un poème, un portrait ou le début d'une histoire…

« Là, il perdait son corps et se délivrait de sa pesanteur dans l'enveloppement humide et chaud de la vase… »
Michel Tournier, 1969

« Notre Dame des flux et des reflux, Notre Dame des allées et venues, marche avec nous sur le sable avant qu'à jamais s'efface la trace de nos pas. »
Anonyme, 2015

ARÔMES DES RIVAGES

En bord de mer, il suffit de se baisser pour se repaître de saveurs et de senteurs sauvages. Une cure de vitalité, à déguster pieds dans l'eau et cheveux au vent.

COQUES EN STOCK

Les palourdes, amandes, huîtres et praires se mangent crues, juste extraites du sable et rincées à l'eau de mer. Les palourdes sont les plus faciles à pêcher : à marée basse, deux trous distincts dans le sable, c'est une palourde mâle, à coque striée. Un trou en « 8 », c'est une femelle, plus petite, à coque lisse. Toutes les deux reposent à quelques centimètres de la surface. Dénichez-les avec un couteau ou un petit râteau, ouvrez-les en glissant une lame entre les deux parties de la coque, c'est beaucoup plus facile qu'avec les huîtres. Coupez le pied, et hop, une fraîche bouchée de vitamines, d'oméga 3 et d'oligo-éléments, au savoureux goût de noisette iodée.

SALADES DE MER

Beaucoup d'algues sont comestibles mais peu se laissent croquer crues. Parmi ces dernières, la laitue de mer (*Ulva lactuca*) d'un vert fluo, à la puissante saveur iodée, et la dulse (*Palmaria palmata*), d'un rouge profond, un peu plus caoutchouteuse. Lorsqu'elles sont fraîches, un kilo d'algues contient autant d'iode – qui stimule la production d'hormones thyroïdiennes – que 10 000 litres d'eau de mer. Ne mangez que des feuilles, ou plutôt des thalles, que vous aurez coupées sur des algues encore vivantes, bien accrochées à leur rocher. La salicorne, elle, n'est pas une algue mais une annuelle, une familière des marais salés, des estuaires et des rivages vaseux. Pour survivre, elle a appris à stocker le sel dans ses tiges charnues. Ses pousses nouvelles se cueillent du printemps au début de l'été, croquantes et délicatement salées.

LES CONSEILS DU PÊCHEUR À PIED

Informez-vous sur les consignes préfectorales de pêche à pied (avis sanitaires, taille et nombre des prises, etc.) par l'affichage municipal, le journal local ou au café du port. Évitez les zones polluées (abords des ports, plages bondées, rejets d'eaux usées…). Vérifiez les coefficients et les horaires des marées avant de vous aventurer sur l'estran. Plus le coefficient est élevé (entre 20 et 120), plus la marée basse découvrira d'endroits riches en trouvailles. Attention à la remontée des eaux : une partie de pêche commence tôt et se termine peu après l'heure de basse mer. Veillez enfin à bien repositionner les roches que vous soulevez : elles abritent une faune et une flore fragiles.

LA VITAMINE C DES DUNES

L'argousier est un arbuste capable de pousser dans les sols pauvres du cordon dunaire. Impossible de ne pas remarquer son feuillage argenté et ses baies d'un orange vif. La récolte est délicate car il faut détacher les fruits des rameaux épineux quand ils ne sont pas trop mous, vers septembre. Aidez-vous d'une fourchette. Les argouses ont un goût original, acidulé, un peu astringent, et elles sont plus riches en vitamine C que le kiwi ou l'orange.

UNE MOUTARDE TROP CHOU

Au bord d'une falaise ou d'un marais salant, de grandes tiges balancent au vent un éventail de gousses effilées. Ouvertes, celles-ci laissent rouler au creux de la main de minuscules graines noires, blanches ou brunes. Petites mais fortes, au goût inimitable de moutarde. Tout le reste de la plante sent le chou : ses fleurs d'un jaune lumineux, ses tiges et ses feuilles, car la moutarde appartient à la grande famille des choux en tous genres, les Brassicacées. Même les boutons floraux ont goût de brocoli !

FENOUIL DE MER, FENOUIL DE TERRE

Sur les rochers battus par les vagues, la criste-marine – surnommée fenouil marin ou perce-pierre – dresse ses petites feuilles charnues. Du printemps jusqu'au début de l'été, il est possible de grignoter crues ses jeunes feuilles (avec modération car la criste-marine est parfois protégée). Son goût est proche du fenouil, du cerfeuil ou de la carotte. Le « vrai » fenouil sauvage, lui, a un goût extrêmement puissant. C'est une grande vivace identifiable à ses ombelles jaunes et surtout au parfum d'anis qui se dégage de toutes les parties de la plante. Ses pousses tendres, chevelues et d'un vert tonique sont, comme ses tiges épluchées, juteuses, sucrées et riches en provitamine A.

PARFUMS DES SABLES

Souvent, le vent du large disperse les parfums. N'hésitez pas à coller votre nez aux fleurs, aux écorces des pins et à leurs tapis d'aiguilles tiédies au soleil. Surgissant des sables, les lis de mer ponctuent de grandes fleurs blanches les rivages de l'Atlantique et de la Méditerranée. C'est une espèce protégée dont il ne faut saisir que le parfum suave. Sur les dunes, les immortelles déroulent des tapis éclatants à l'odeur chaude et épicée, aux exhalaisons de curry et de camomille. Leur nom latin, *Helichrysum*, signifie « soleil d'or ». Leur secret pour ne faner jamais ? Chaque « fleur » est en réalité une collerette de feuilles colorées qui englobe de minuscules fleurs.

« Les algues
entr'ouvraient leurs âpres
cassolettes
D'où montait une odeur
de phosphore et de sel,
Et, jetant leurs reflets empourprés
vers le ciel,
Semblaient, au fond des eaux,
des lits de violettes. »
Renée Vivien,
1902

« Tout ce que j'apprécie
Que je sais qui me plaît
Le fond vert de la mer
Où valsent les brins d'algues
Sur le sable ondulé
L'herbe grillée de juin
La terre qui craquelle
L'odeur des conifères. »
Boris Vian, 1952

L'EAU VIVE

Faites halte près d'une rivière paisible, d'un torrent de montagne, d'une vénérable fontaine. L'eau qui court, fraîche et vivante, régénère le corps et l'âme.

L'EAU DE VIE

Notre corps est constitué de plus de 70 % d'eau. Elle est le principal constituant du sang, du liquide céphalo-rachidien, de la salive et le lubrifiant de nos articulations. L'eau permet les échanges continuels à l'intérieur de nos cellules et de nos organes. Elle élimine les toxines, transfère les oligo-éléments, les nutriments, l'oxygène et l'énergie. Mais boire dans la nature n'est pas si simple. Il faut éviter l'eau stagnante ou celle qui coule en aval des activités humaines et des élevages. Seule l'eau cristalline de haute montagne peut être bue en confiance. Comme elle est glaciale et risque de crisper les muscles digestifs, réchauffez-la en bouche avant de l'avaler.

L'EAU DE TRANSFORMATION

L'eau courante fait partie de nombreux rituels de passage, d'évolution. Ainsi le baptême chrétien était à l'origine une immersion dans un fleuve, symbole de résurrection, source de vie nouvelle. Le Coran parle de l'eau comme d'une substance de vie et de purification, une bénédiction de Dieu. Les religions antiques de l'Inde font des eaux mythiques la matrice des dieux et des mondes, et l'eau fécondante et sacrée de certains fleuves lave les péchés. Dans les Yoga-Sutras, un des textes fondateurs du yoga, l'ego et le mental sont des obstacles à la transformation intérieure, telles des digues de terre qui retiennent une eau d'irrigation. Ils sont éliminés par le lâcher-prise comme les digues sont rompues par le paysan pour arroser son champ. Alors, coule l'eau de la vie et de la transformation intérieure.

UNE OFFRANDE À LA RIVIÈRE

Façonnez un esquif avec une large feuille sur laquelle vous déposerez une fleur, une plume, une graminée… Posez-la délicatement à la surface de l'eau, comme un cadeau à la beauté du lieu, à la vie qui va. Laisser l'existence couler à travers soi, ne pas s'accrocher aux souvenirs et aux émotions, être neuf à l'instant présent, telles sont les propositions de l'eau vive.

APPRIVOISEZ LES DEMOISELLES

Près des rivières et des étangs, des demoiselles, mâles et femelles, mènent le bal dans leurs fourreaux bleu électrique. Installez-vous confortablement avec un bras dressé, doigt tendu. Les intrépides demoiselles inaugureront vite ce nouveau perchoir. Vous pourrez observer à loisir leur taille fine et leurs ailes arachnéennes. Au repos elles les replient dans leur dos, ce qui les distingue des libellules.

DISSOUDRE SES PEINES

Plongez vos bras ou vos pieds dans l'eau courante. Laissez-vous masser. Imaginez que votre fatigue ou vos émotions négatives s'écoulent de vous, se dissolvent dans l'eau et sont emportées au loin.

« When you feel ashamed
go to the river
When you're feeling sad go to the river
When you're feeling blue inside,
immersed and tied
When you're feeling stuck
in pain, forever
Go go go go – go tonight »*
Yaël Naim, 2010

* « Quand tu te sens honteux
va à la rivière,
Quand tu te sens triste va à la rivière,
Quand tu te sens déprimé,
englouti et entravé,
Quand tu te sens pris
dans la douleur, pour toujours
Va va va va - vas-y ce soir »

« J'aurais aimé
être une rivière
Mordre au printemps,
dormir l'hiver
Sentir le vent et l'eau de pluie
Vivre au présent, noyer l'ennui
Dire au bonheur debout
bien droit
Salut, c'est moi... »
Richard Séguin,
1995

TRAVERSER, Ô GUÉ, Ô GUÉ

L'herbe est plus verte sur l'autre rive ? Trouvez un bâton solide qui vous fournira un point d'appui et vous permettra de sonder la profondeur du lit de la rivière. Avancez avec précaution, les pierres humides sont souvent glissantes et l'eau peut masquer des trous.

IL PLEUT !

Bruine, grain, giboulée, déluge… une eau nourricière tombe du ciel, exalte les parfums, rafraîchit les couleurs et régénère la nature. Bonus : les parcs, les bois et les plages désertés sont tout à vous pour jouir de la pluie.

MARCHONS SOUS LA PLUIE

« Il n'y a pas de mauvais temps, il n'y a que de mauvais habits », affirme un proverbe suédois. Un vieux ciré fera l'affaire mais les vêtements imperméables et respirants apportent un vrai confort. Ils protègent de l'eau extérieure (la pluie) et de l'eau intérieure (la sueur). Glissez une casquette sous votre capuche, sa visière abritera vos yeux. Autres options pour les jours sans vent : le parapluie, que les bergers utilisent depuis des siècles en montagne, ou le poncho, ouvert sur les côtés pour évacuer la transpiration. Pour une grande rando, des chaussures également imperméables et respirantes, bien couvertes par le bas du pantalon pour que l'eau n'entre pas. Pour une petite balade, des bottes de caoutchouc seront parfaites pour sauter dans les flaques et patauger dans la gadoue, la gadoue, hou, la gadoue…

MMM, LES BONS IONS !

Au contact du sol, chaque goutte de pluie produit des ions négatifs, à la durée de vie de trente secondes. Ces ions négatifs pénètrent le corps par voie respiratoire mais leur mode d'action reste énigmatique. Ils semblent favoriser la pénétration de l'oxygène dans les poumons, les échanges entre les cellules, l'action de certains enzymes et la sécrétion de neuromédiateurs. Les milieux urbains ou confinés en sont chiches : 0 ion négatif au centimètre cube d'air conditionné et 14 dans une voiture. Ils abondent dans la nature grâce à l'entrechoquement des molécules d'eau, à la friction des feuilles et à la photosynthèse : 1 200 ions négatifs/cm^3 à la campagne, 4 000 après un orage ou en bord de mer, jusqu'à 12 000 en montagne et même 50 000 ions négatifs/cm^3 au pied d'une cascade !

BUVEZ L'ORAGE

Les jardiniers savent que l'eau d'orage fait monter les salades et stimule l'ensemble des plantes. En effet, la chaleur et la pression de la foudre transforment les gaz de l'air en fertilisants naturels tels que l'oxyde d'azote et l'acide nitrique. En modifiant les combinaisons moléculaires de l'eau, les éclairs lui confèrent des propriétés physiques différentes. D'après certaines études, l'eau d'orage est particulièrement désaltérante, elle nourrit les cellules en profondeur et draine l'organisme. Quand le tonnerre gronde, en campagne ou à la mer, déposez des coupes en terre cuite, en pierre ou en verre (pas de métal) pour la recueillir puis courez à l'abri. Cette eau « énergétisée » devra être bue dans les cinq heures.

ÉCLAIRS ANTIPOLLUTION

Après l'orage, l'air est plus propre, profitez-en. La pluie entraîne les poussières, les pollens et les polluants. Les étincelles de foudre ont le même effet en combinant ces particules dont la masse alourdie tombe au sol. Quant à la couleur de l'éclair, elle informe sur la composition de l'air : rouge, il indique la présence de pluie ; bleu, de la grêle ; jaune, beaucoup de poussières ; blanc, un air très sec.

FOUDRE DE PIERRE

Quand de l'air glacé recouvre de l'air chaud, de très violents courants d'air montent à l'intérieur des nuages. Ils entraînent d'énormes masses de gouttelettes d'eau et de fragments de glace. Ces frottements intenses créent un déséquilibre électrique qui se décharge en un éclair : un zigzag lumineux de quelques millimètres de diamètre se propage à 40 000 km par seconde et chauffe l'air à 30 000 °C ! D'où la métaphore amoureuse du coup de foudre… Quand un éclair tombe sur le sable, sa chaleur le vitrifie en une sorte de tube tordu appelé fulgurite, ou foudre pétrifiée. À guetter sur la plage, après l'orage.

RÊVEZ EN COULEUR

Rouge, orange, jaune, vert, bleu, indigo et violet : chaque goutte de pluie est un minuscule prisme qui décompose la lumière blanche du soleil et contribue à dessiner un majestueux arc-en-ciel. Pour le voir apparaître, il faut avoir le soleil dans le dos et que la pluie tombe devant soi. « Quelque part au-delà de l'arc-en-ciel, dit la chanson du *Magicien d'Oz*, les cieux sont bleus, et les rêves qu'on ose faire deviennent réalité. » Les jours de pluie, rêvez…

CONTRE LES COUPS DE FOUDRE

En cas d'orage, le mieux est de se réfugier dans un bâtiment ou une voiture. Éloignez-vous des arbres isolés, des sommets ou des crêtes, car la foudre frappe volontiers les points les plus élevés. En forêt, évitez les grands arbres et les lisières, écartez-vous des troncs et des branches basses. En rase campagne, ne vous couchez pas au sol car la décharge électrique se propage dans toutes les directions. Accroupissez-vous, bras et jambes repliés, sur un sol sec ou un imperméable étendu. Si vous êtes en groupe, laissez quelques mètres entre vous pour éviter les éclairs latéraux. Et pensez à fermer les parapluies…

« I'm singin' in the rain
Just singin' in the rain
What a glorious feeling !
I'm happy again… »
Gene Kelly, 1952

« La vie, ce n'est pas attendre que l'orage passe, c'est apprendre à danser sous la pluie. »
Sénèque, Ier siècle

JOURS DE NEIGE

La neige est matière à contrastes. Blancheur de linceul et temps suspendu, joie enfantine des flocons et des glissades. Le corps et le cœur au chaud, profitez de tout.

TEMPS DE NEIGE

L'eau se fige en flocons et en cristaux, telle une énergie gelée, immobilisée. Les bruits sont feutrés, les activités ralenties. Mettez à profit ce temps suspendu pour porter un regard nouveau sur votre environnement, comme par magie transfiguré. La gamme des couleurs a changé. Des blancs purs, candides et des gris délicats sont apparus. Des bleutés lumineux côtoient des noirs denses et charbonneux. La neige souligne les contours, magnifie les formes et dévoile l'invisible : les pas du promeneur matinal, ceux d'un oiseau ou d'un mulot. Sous son manteau de froideur, la terre attend le printemps, la vie est en gestation.

DES FLOCONS PAR MILLIERS

Comme les humains, les flocons de neige sont tous différents et chacun est unique. Cela tient à leur formation : de microscopiques cristaux de glace sont agrégés par le froid autour d'une infime poussière et, selon les conditions de froid et d'humidité, ils s'accumulent à des endroits bien précis selon une symétrie en six. Les flocons se répartissent en 35 familles de formes différentes : en étoile à six branches, en hexagone, en plaquette, en aiguille, en colonne, en diamant, en bouton de manchette… Pour les observer, recueillez-les sur une surface froide, une pierre, une brindille ou une plume. Par nature transparents, les flocons produisent la blancheur de la neige en diffractant la lumière comme des prismes. En s'additionnant, leurs différentes couleurs donnent le blanc.

L'IVRESSE DU BLANC

Offrez-vous le plaisir espiègle de façonner une GRÔÔÔSSE boule de neige et de la lancer sur un ami, un collègue, un enfant… Laissez des dessins ou des messages sur le pare-brise des voitures enneigées. Si la couche de neige est suffisante, laissez-vous tomber en arrière et agitez les bras : votre empreinte aura de belles ailes d'ange. Bâtissez un bonhomme de neige, yeux de cailloux et sourire de brindilles. Prenez-le par le cou et faites un selfie qui vous arrachera un sourire, un jour de moral glacé.

GLOBULES AU SOMMET

En montagne, à partir de 2 500 mètres environ, la pression atmosphérique diminue et les poumons reçoivent moins d'oxygène. Le corps met donc en place des mécanismes de compensation. Le cœur et la respiration s'accélèrent. Les reins sécrètent de l'érythropoïétine ou EPO. Devenue célèbre dans des cas de dopage, cette hormone pousse la moelle osseuse à produire plus de globules rouges, lesquels permettent aux poumons de capter davantage d'oxygène. Au bout d'une semaine, l'hémoglobine se modifie aussi pour restituer plus d'oxygène aux muscles, les vaisseaux capillaires y deviennent plus nombreux. De quoi repartir vivifié dans la vallée !

PRENEZ VOTRE CHALEUR EN MAINS

Résistez au froid en activant votre circulation sanguine et votre énergie vitale. Ces gestes simples peuvent être pratiqués en patientant à l'arrêt de bus ou dans la file du télésiège.

- *Les mains*

Commencez par frotter vos mains avec ardeur, sans oublier leur dos et l'espace entre les doigts. Insistez sur la base des ongles où se concentrent les terminaisons nerveuses. Puis massez les points appelés « Palais du labeur », au centre de vos paumes, à l'endroit que touche le majeur replié. (Ceci à éviter en cas de grossesse.)

- *Les oreilles*

Masser les oreilles améliore la circulation dans tout le corps, jusqu'aux orteils. Pincez et malaxez le pourtour des pavillons, centimètre par centimètre. Insistez sur le lobe et les endroits sensibles. Puis frottez énergiquement tout l'arrière des oreilles. Selon la médecine traditionnelle chinoise, il y passe le méridien énergétique du « Triple Réchauffeur » qui agit sur la circulation capillaire et règle la chaleur interne.

- *Les reins, la poitrine*

Tapotez vos reins avec le dos des mains, pendant une minute au moins. Puis, avec vos poings fermés, tapotez vos flancs, en remontant sur le thorax jusqu'en dessous des clavicules. Si possible, tapotez énergiquement du bout des doigts le cou, le visage et le crâne.

- *Le corps tout entier*

Hissez-vous discrètement sur la pointe des pieds et contractez avec force vos mollets, vos cuisses, vos fesses, votre sangle abdominale. Contractez vos bras en pressant vos paumes l'une contre l'autre.

ANTIGEL

- Respirez par le nez pour n'envoyer dans vos poumons que de l'air tiédi par son passage dans les narines et l'arrière-gorge.

- Confronté au froid, le corps retire le sang des mains et des pieds pour le concentrer autour des organes vitaux, et notamment le ventre. Gardez votre ventre au chaud, c'est déjà économiser de l'énergie ! De même, le crâne, le cou, les avant-bras et les chevilles doivent être à l'abri car la chaleur fuit par la peau nue.

- Habillez-vous avec la formule magique des trois couches : une première couche, très fine, en contact avec la peau (débardeur de soie, « marcel » en coton), plus une deuxième couche (tee-shirt à manches longues, chemisier, pull fin), plus une troisième couche (gros pull, gilet…). En sortant par grand froid, ajoutez anorak, manteau ou blouson. L'air retenu par ces superpositions joue à merveille le rôle d'isolant thermique. Préférez les matières naturelles, plus chaudes, et les vêtements qui laissent circuler le sang.

« Chacun recèle en lui une forêt vierge, une étendue de neige où nul oiseau n'a laissé son empreinte. »
Virginia Woolf, 1926

« Seigneur, j'ai accepté votre froid blanc qui brûle plus que le sel. Voici que mon cœur fond comme neige sous le soleil. J'oublie… »
Léopold Sédar Senghor, 1945

"Who on earth
d'you think
you are ?
A super star ?
Well, right you are.
Well, we all
shine on.
Like the moon,
and the stars
and the sun..."*
John Lennon,
1970

*« Qui penses-tu
être sur Terre ?
Une super-star ?
Oui, c'est ce
que tu es.
Nous resplendissons
tous comme la lune
et les étoiles
et le soleil... »

TROISIÈME PARTIE

LE FEU

Ô SOLEIL

Consommé avec modération, le soleil, lumière et chaleur, est une source inépuisable de plaisir, de santé et d'énergie, une source de vie.

« Ce n'était pas l'aurore, c'était l'aube ; minute ravissante et farouche. Quelques constellations çà et là dans l'azur pâle et profond, la terre toute noire, le ciel tout blanc, un frisson dans les brins d'herbe, partout le mystérieux saisissement du crépuscule. »

Victor Hugo, 1865

LE PREMIER MATIN DU MONDE

Chaque lever de soleil est une promesse et souvent un spectacle de choix. En été, il faut se lever tôt pour y assister, certes, mais ces instants magiques méritent l'effort.
Repérez un bel endroit, avec vue sur l'horizon côté est. Jetez un œil à la météo. Vérifiez l'heure du lever du soleil qui change presque tous les jours et selon les lieux, même en France. Prévoyez le temps nécessaire pour rejoindre votre belvédère à l'avance. Comptez une bonne heure pour assister à la totalité du spectacle.
Il commence à la nuit mais, à l'est, les étoiles pâlissent. Goûtez à la paix, aux parfums, à la fraîcheur de l'air. Au printemps, les oiseaux les plus audacieux chantent déjà. Insensiblement, le ciel s'éclaire et se drape d'un camaïeu de gris, une teinte indécise, voilée. C'est l'aube, les premières lueurs du jour. Peu à peu, une lumière éclatante, rose, dorée, illumine l'horizon. Voici « l'aurore aux doigts de rose » que chanta Homère. Une braise à l'horizon et le soleil apparaît…
Regardez-le s'élever jusqu'à ce qu'il soit visible dans son entier puis détournez les yeux car il est vite ardent. Sous cette lumière retrouvée, redécouvrez le monde, comme si c'était la première fois.

SOLEIL ANTISTRESS

L'exposition à la lumière est indispensable à la production de deux hormones du bien-être : la sérotonine qui assure la bonne humeur pendant la journée, et la mélatonine qui régule le sommeil. Les deux sont sécrétées lorsque la rétine est stimulée par la lumière solaire. Conclusion : sortez par tous les temps. Même caché, le soleil dispense ses bienfaits.

RÉVEIL ÉNERGÉTIQUE

L'aurore, instant neuf et éclatant de vitalité, est idéale pour réveiller son énergie.

- *Debout, les pieds plantés sur le sol, tapotez du bout des doigts toute la surface du crâne et la nuque, puis plus doucement, le visage et le cou.*

- *D'une main, tapotez l'épaule opposée, le dessus du bras jusqu'à la main, la paume et remontez le bras par l'intérieur. Dosez la force selon votre ressenti. Même chose de l'autre côté.*

- *Les deux mains sur les côtes, tapotez la poitrine. Pliez les genoux et tapotez le dos. Insistez sur les reins. Descendez le long des fessiers, des jambes.*

- *Tapotez vos pieds dans leur entier : dessus, orteils, tranche interne et externe, talons. Remontez par le devant des jambes et tapotez le ventre.*

- *Relâchez les bras. Retrouvez l'immobilité, la détente et observez vos sensations.*
Reprendre une fois ou deux. Pour un effet plus doux, remplacez les tapotements par une friction.

SALUT AU

- *Debout comme un trait d'union entre le ciel et la Terre, placez vos mains jointes devant le plexus.*

- *Sur l'inspir, déposez le pied gauche loin en arrière et posez le genou au sol. Redressez-vous, poitrine ouverte, vers le soleil (posture du guerrier).*

- *Expir : ramenez le pied droit entre les deux mains. Pliez les genoux autant que nécessaire.*

SOLEIL

À toute heure du jour, connectez-vous au Soleil par cette « petite salutation », facile à mémoriser. Les respirations indiquées sont des propositions. Si elles vous semblent difficiles, respirez à votre rythme, naturellement.

- 2 Sur l'inspir, tendez les bras vers le ciel et étirez-vous légèrement en arrière.

- 3 Sur l'expir, pliez-vous vers l'avant. Genoux pliés, posez les paumes sur la Terre.

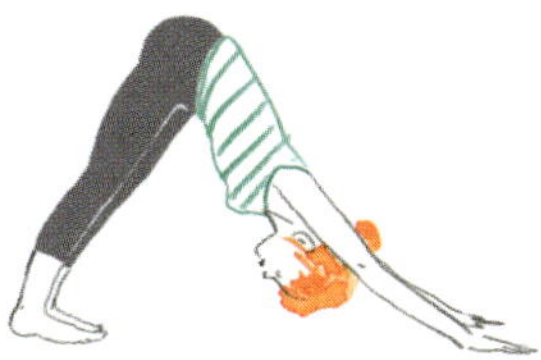

- 5 En expirant, déposez les deux mains au sol et allongez l'autre jambe vers l'arrière. Inspir, soulevez le bassin pour former un triangle en appui sur les mains et les pieds. Expir, laissez vos jambes s'étirer. La tête est entre les bras (posture du chien qui s'étire).

- 6 Sur l'inspir, ramenez le pied gauche entre vos mains et posez le genou droit au sol. Posture du guerrier, poitrine ouverte, vers le soleil.

- 8 Inspir : remontez les bras par l'avant, tendez-les vers le ciel et étirez-vous, d'abord en arrière puis dans l'axe. Joignez les mains.

- 9 En expirant, ramenez les mains devant le plexus. Laissez s'apaiser le souffle. Restez immobile dans la lumière, le coeur ouvert.

STOCK DE SOLEIL

Sous l'action des rayons UVB, notre organisme synthétise de la précieuse vitamine D. Entre autres bienfaits, celle-ci fixe le calcium sur les os et favorise l'absorption du phosphore. Elle permet au système immunitaire de mieux résister aux infections respiratoires de l'hiver, au stress et à la « dépression saisonnière ». À la belle saison, environ 20 minutes par jour, même sous un arbre ou sous un parasol, suffisent pour faire le plein. La vitamine D se conserve plusieurs mois dans le foie et les tissus gras mais profitez des jours d'hiver ensoleillés pour rafraîchir votre stock : relevez vos manches, roulez vos chaussettes, quittez écharpes et gants et exposez votre peau durant un bon quart d'heure.

LE CŒUR EN PAIX

Peu à peu masqué par la rotation de la Terre, le Soleil disparaît derrière l'horizon. En s'éclipsant, il nous entraîne dans le monde souterrain de la nuit, de l'imaginaire. Le coucher du soleil symbolise la mort de l'homme, son départ pour l'autre monde, mais aussi l'espoir d'une renaissance, d'une vie nouvelle. C'est l'heure de l'apaisement et peut-être du pardon. « Que le soleil ne se couche pas sur votre colère », écrivait l'apôtre Paul. Ce que confirme une étude sur le cerveau : s'endormir avec des émotions négatives a pour effet de les graver dans la mémoire et même de les renforcer.

ÉCRAN CÉLESTE EN TECHNICOLOR

Nous devons la beauté des ciels embrasés à d'infimes particules de poussière, de suie et de cendres en suspension dans l'air, qui dévient les rayons lumineux. L'atmosphère décompose alors la lumière blanche du soleil comme un prisme. C'est le cas lorsque l'astre descend à l'horizon. Les longueurs d'onde les plus courtes, celles des bleues, sont de plus en plus déviées. Seuls les rouges, les orangés et les jaunes nous atteignent et assurent le spectacle.

« Quand tu poins
magnifique à l'horizon du ciel,
Disque vivant, premier à vivre,
Brillant à l'horizon d'Orient,
Toute terre est par toi emplie
de ta beauté.
Tu es beau, tu es grand, tu es étincelant,
Loin au-dessus de toute terre,
Tes rayons ceignent les pays,
Jusqu'aux limites de ce que tu as créé. »

Akhénaton,
XIVe siècle av. J.-C.

TOUT FEU TOUT FLAMME

Lumière, chaleur, mouvement, audace...
Le feu est une force vive à apprivoiser
pour rayonner sans se consumer.

MAÎTRISER LE FEU

Le feu est un ami précieux qui chauffe, éclaire, réconforte, brûle les scories et forge le métal pur. Transposé dans nos vies, il est cœur chaleureux, foyer accueillant, énergie communicative, force d'expansion, ardeur amoureuse et sexuelle. Il est la combativité positive du « feu sacré », la vivacité de l'esprit qui « fait feu de tout bois », la spiritualité qui éclaire la conscience.
En excès et incontrôlé, son pouvoir devient destructeur. Il se révèle dans la nature par la foudre, les incendies, les éruptions volcaniques. En société, trop de feu attise les conflits, les passions dégradantes, la compétition. Dans le cas extrême d'un *burn-out*, l'individu est dévoré par sa suractivité comme par un incendie intérieur.

S'EMPLIR DE LUMIÈRE

Le feu réchauffe, illumine. Observez les flammes, leur danse, leurs couleurs. Imaginez que la lumière entre en vous en même temps que l'air que vous inspirez. Si vous vous sentez en confiance avec cette lumière, laissez-la se diffuser dans votre corps, dans votre cœur. Placez vos mains en coupe devant votre plexus solaire dont le chakra, ou centre d'énergie, est associé à l'élément Feu. Peut-être aurez-vous une impression de légèreté, de chaleur, de luminosité intérieure. C'est toutefois une énergie puissante et il faut cesser si vous ressentez le moindre malaise.

LES SOUCIS AU FEU !

Notez sur des morceaux de papier vos tracas de toutes sortes, les peurs, les rancunes ou les relations que vous souhaitez éliminer de votre vie. Jetez-les au feu avec cette intention.
Regardez-les se consumer, devenir cendres et étincelles puis disparaître. Accueillez les émotions peut-être intenses qui se présentent à vous.

LE FEU BRÛLE !

Plongez la zone atteinte dans l'eau froide, au moins pendant 10 minutes, pour refroidir la peau en profondeur et soulager la douleur, ou appliquez le jus de quelques feuilles de plantain fraîches sur la brûlure.

« Il est urgent de chercher au fond de nous-même la flamme, l'autre flamme. Non plus celle du burn-out, mais celle qui symbolise la vibration de la vie : la flamme libératoire. »
Pascal Chabot, 2013

DANSE «BALINAISE» DES LUMIÈRES

- Debout, placez vos mains en coupe devant votre pubis. Les hanches, genoux et chevilles sont déverrouillés, prêts à se mouvoir avec souplesse.

- En imagination, placez une bougie allumée au creux de chacune de vos paumes.

- Le regard posé sur votre main droite, faites-la tourner au-dessus de votre tête, puis sous votre coude, en arrondi, sans quitter la bougie des yeux ni renverser la main.

- La main droite revient à sa place. La main et le bras gauche tournent à leur tour.

Enchaînez une main après l'autre, en cherchant la fluidité, la légèreté du mouvement et de la respiration. Enveloppez-vous peu à peu d'un halo lumineux et doré.

« Le feu est l'ultra-vivant. Le feu est intime et il est universel. Il vit dans notre cœur, il vit dans le ciel. Il monte des profondeurs de la substance et s'offre comme un amour. »

Gaston Bachelard, 1937

L'ÉVEIL DU FEU DIGESTIF

Pour la médecine indienne traditionnelle, la santé est fondée sur l'activité d'Agni, le « feu digestif » situé dans le ventre. Ce feu subtil contrôle la digestion, l'absorption et la transformation de toute nourriture, qu'elle soit sous forme d'aliments, d'oxygène, de pensées, d'émotions ou de paroles. Il est possible de l'activer par la respiration du Soufflet, comme un forgeron attise les braises, pour brûler le superflu et rétablir l'ordre en soi. À pratiquer de préférence le matin au réveil, sans jamais forcer.

- *Assis ou debout, inspirez puis expirez longuement.*
- *Inspirez à nouveau longuement, puis contractez les muscles du ventre pour chasser l'air très vivement par les narines, comme pour rire « ha ! ha ! ha ! » mais par le nez.*
- *L'inspiration se fait toute seule.*
- *Terminez par plusieurs respirations amples, confortables.*
- *Répéter le cycle 4 ou 5 fois, selon vos sensations.*

Contre-indications : hypertension artérielle, grossesse, tendance aux vertiges.

L'ART DU FEU

Dégagez les feuilles mortes sur un large emplacement (au moins deux mètres carrés). Confectionnez un lit de pierres pour isoler le feu de l'humidité et ne laisser aucune trace. Collectez du bois mort, des brindilles et des branches pas plus épaisses qu'un doigt, aussi sec que possible. Il brûlera rapidement, avec une flamme claire. Stockez-le à bonne distance du foyer. Bâtissez une petite pyramide de brindilles. Pour conserver les allumettes et le grattoir au sec, vous les aurez glissés dans un vieux tube de médicament. En guise d'allume-feu, utilisez une feuille de papier roulée en boule, le cœur d'une pomme de pin, de l'écorce de bouleau, des chardons secs ou du bois résineux. Èvitez les feuilles qui font surtout de la fumée. Alimentez d'abord avec des brindilles, puis avec des tiges plus épaisses, puis des morceaux de branches. Une fois que le feu est lancé, nourrissez-le régulièrement et surveillez-le. Si vous souhaitez faire une longue veillée, ajoutez de plus grandes pièces de bois dont vous disposerez les pointes vers le centre. Pour éteindre les braises, couvrez-les de terre ou noyez-les d'eau, avec beaucoup de soin.

LE CÔTÉ CLAIR DE LA FORCE

Soleil éclatant ou nuit noire, nous ne pouvons pas changer la réalité. En revanche, nous pouvons renouveler le regard que nous portons sur le monde et sur la vie.

LE POUVOIR DU SOURIRE

La Nature nous a dotés d'un outil de bien-être simplissime et d'une redoutable efficacité : le sourire. Sourire met en action 17 muscles, ralentit le rythme cardiaque et, via l'hypophyse et l'hypothalamus, libère des endorphines. Ces sécrétions opiacées ont des effets proches de l'opium. Elles transmettent au corps le message suivant : « Tout va bien. » Or un corps détendu fonctionne mieux, lutte plus efficacement contre les maladies et vit plus longtemps. Plus on sourit, mieux on se sent et plus on sourit. C'est un cercle vertueux.

SOURIRE INTÉRIEUR

Le corps ne fait pas la différence entre un sourire sincère, un sourire forcé ou même un sourire « pensé ». Les trois apportent les mêmes bienfaits. Forts de ce constat, les maîtres taoïstes ont élaboré la pratique du sourire intérieur.
Imaginez que vos oreilles, vos yeux, vos pieds sourient, que votre cœur, votre foie, vos reins sourient, que toutes les cellules de votre corps sourient.

Souriez intérieurement aux gens qui vous parlent.

Souriez aux animaux qui croisent votre chemin.

Souriez aux arbres, aux fleurs, au soleil qui se lève, au nuage qui passe.

Souriez au chemin, tel qu'il se présente.

SALUER LA LUMIÈRE

Le salut *Namasté,* pratiqué communément en Inde ou au Népal pour dire bonjour et au revoir, joint les deux mains devant le cœur avec une douce inclinaison de la tête.
Sa traduction littérale serait « Je m'incline devant toi ». Plus subtilement, ce salut signifie : « La lumière en moi honore la lumière qui est en toi. »

SE SOUHAITER LE MEILLEUR

En vacances, choisissez une magnifique carte postale, collez-y un joli timbre et envoyez-vous, à vous personnellement, un message affectueux avec vos meilleures pensées, vos souhaits les plus chaleureux, un dessin, un cœur, un soleil…

LE « GUERRIER BIENVE

Ce guerrier est solidement posé au sol, en équilibre stable. Poitrine ouverte, mains ouvertes, peut-être un sourire aux lèvres, il fait face à la vie avec force mais sans agressivité.

- *Debout, face à la mer ou à un beau paysage, prenez plusieurs respirations profondes en ressentant votre corps à la verticale, vos deux pieds ancrés dans le sol.*

- *Servez-vous de ce point d'appui au sol pour redresser votre colonne vertébrale, pousser le sommet du crâne vers le ciel et vous grandir.*
Faites un grand pas en avant avec le pied droit. Le pied gauche s'ouvre vers l'extérieur. Le talon gauche est soulevé.
Prenez un point d'appui visuel avec votre regard. Cherchez votre équilibre : pliez plus ou moins la jambe avant, soulevez ou abaissez le pied arrière... Les deux coudes se posent contre la taille et tirent vers l'arrière, les avant-bras sont à l'horizontale, paumes ouvertes vers le ciel.
Installez-vous dans l'immobilité. À chaque inspir, ouvrez la poitrine et grandissez-vous. À chaque expir, expérimentez l'équilibre, la solidité, la force, peut-être un sourire intérieur.

OUI À LA VIE

Un matin, levez-vous tôt pour jouir de la lumière neuve, du silence, de la paix, de la solitude dans la nature. Quand vous vous sentirez en confiance, prononcez les mots : « Oui à la vie. » Vous pouvez murmurer, chanter, clamer, déclamer, crier… Accueillez l'effet que produisent ces paroles en vous.

LANT »

Pour quitter la posture, relâchez vers l'avant, ramenez les deux pieds ensemble. Respirez calmement penché en avant, genoux pliés, buste contre les cuisses. Déroulez votre colonne pour vous redresser sur une inspiration.

Suggestion : prendre plusieurs fois la posture en dynamique avant de s'immobiliser pour plusieurs respirations. Pratiquer du côté droit puis du côté gauche.

« Je me suis mis à être un peu gai, parce qu'on m'a dit que cela est bon pour la santé. »
Voltaire, 1761

ALLER PLUS LOIN...

… en expérimentant le yoga du rire ou « rigologie ». Rire libère le diaphragme, la poitrine et le dos et dope le système immunitaire.

« Au fur et à mesure que nous laissons briller notre propre lumière, nous donnons inconsciemment aux autres la permission de faire de même. »
Marianne Williamson, 1994

« Chaque inspiration est une naissance. Chaque expiration une mort. Ainsi chaque souffle est une vie entière. »
Paramahamsa Hariharananda (1907-2002)

QUATRIÈME PARTIE

L'AIR

OUVRIR SES AILES

L'air est invisible mais vital. Tout comme l'espace, le souffle, l'inspiration, la créativité... Ouvrez vos ailes, prenez votre envol.

LE VENT L'EMPORTERA

Un jour de grand vent, accordez-vous de tourbillonner, de crier ou de chanter à tue-tête ce que vous ressentez. Votre joie, votre colère, vos peines ou vos désirs s'envoleront dans les bourrasques. Seul l'Univers vous entendra !

ACCUEILLIR L'INSPIRATION

Inspirer, c'est donner du souffle, accorder une âme. Dans la Genèse, Dieu modèle l'homme avec de la glaise puis il insuffle dans ses narines « une haleine de vie ». L'homme devient alors un être vivant. Nous accomplissons le même miracle lorsque nous créons, guidés par notre voix intérieure. Pour l'entendre, il est nécessaire de faire silence en soi, d'accepter de laisser en retrait son intelligence et ses savoirs. Laisser faire ses mains, son corps, sa voix, son souffle.

LE SOUFFLE DE VIE

Pour capter l'énergie de vie, le *prâna,* le yoga propose des pratiques respiratoires appelées *prânâyâma*. Celle de *Nadi Shodana* est destinée à favoriser le calme et le centrage, à purifier les canaux énergétiques, à équilibrer les deux hémisphères du cerveau et les deux côtés du corps.

- *Asseyez-vous avec les fesses légèrement surélevées pour garder le dos droit sans effort.*

- *Posez l'index et le majeur au milieu de votre front. L'annulaire et le pouce viennent se placer sur les narines, prêts à les libérer et à les fermer alternativement.*

- *Inspir par la narine gauche, narine droite fermée. Expir par la narine droite, narine gauche fermée. Inspir par la narine droite. Expir par la narine gauche. Inspir par la narine gauche. Expir par la narine droite. Inspir par la narine droite. Et ainsi de suite, pendant le temps qui vous semble juste.*

LA POSTURE DE L'OISEAU

Trouvez un emplacement assez plat pour poser vos deux pieds. Prenez le temps de ressentir votre équilibre, votre ancrage au sol.
De votre regard, appuyez-vous sur l'horizon.
Portez le poids du corps sur un pied, jambe légèrement fléchie.
Amenez l'autre cheville sur le genou.
Laisser votre bassin partir en arrière, penchez-vous comme à un balcon.
Ouvrez les bras pour vous envoler.
Planez en appui sur l'air. Ou battez des ailes, si l'envie vous en prend...

PLUMES AU VENT

Pour les Amérindiens, les plumes sont un cadeau du Grand Esprit. L'oiseau lui-même offre ses plumes et transmet ses qualités à la personne qui les recueille. Elles doivent être trouvées, jamais arrachées de force ou sur un oiseau mort. Sous nos latitudes, on en trouve surtout en août quand de nombreux oiseaux renouvellent leur plumage. De ces plumes, faites un bouquet, piquez-les dans vos cheveux ou ornez-en un attrape-rêve réalisé à partir de fil tissé sur un rond de branche souple. Les Indiens plaçaient une plume au centre des attrape-rêves destinés aux enfants. Frémissant à chaque souffle, elle leur enseignait le rôle vital de l'air.

LES GRANDS PLANEURS

Les rapaces sont profilés pour le vol plané. Il leur permet de chasser sans fatigue et de se laisser porter par les courants chauds pour prendre de la hauteur. Identifiez leurs silhouettes grâce à quelques indices révélateurs :

La buse variable : a la queue courte et « carrée ». Elle décrit de grands cercles planés ou se poste à l'affût sur un poteau.

Le milan noir : silhouette sombre et élégante, à la queue légèrement en V. Il vole de façon chaloupée à la recherche de cadavres d'animaux car c'est un « nettoyeur ».

Le milan royal : le grand cousin du milan noir, mais sa queue est orangée et échancrée en un V bien marqué.

Le faucon crécerelle : une queue étroite, des ailes très fines en forme de faux et un vol stationnaire caractéristique, dit du « Saint-Esprit », lorsqu'il guette une proie.

« Il ne sert à rien de discuter contre l'inévitable. Le seul argument valable contre un vent d'est est de mettre votre manteau. »
James Russell Lowell, 1884

« Un autre monde n'est pas seulement possible, il est déjà en route. Lors de journées calmes, je peux l'entendre respirer. »
Arundhati Roy, 2003

AÉRIENNES OFFRANDES

Impalpables
comme des
souffles d'air,
la gratitude et
la générosité sont
de puissantes
énergies. Ouvrez
les mains
pour donner
et pour recevoir.

CULTIVER LA GRATITUDE

Nourrissez de la reconnaissance envers votre vie, vos talents et ceux des personnes que vous aimez. De la reconnaissance envers la nature, pour sa générosité, sa fertilité, sa force de création. Exprimez votre gratitude par une pluie de pétales sur l'eau d'un ruisseau, par une arabesque de coquillages sur le sable d'une grève, par un petit autel éphémère aux pieds d'un bel arbre. Des pierres, des fleurs, des fruits, des écorces, des mousses ou des feuilles peuvent refléter vos émotions. En gardant à l'esprit que la valeur essentielle d'un don réside dans la qualité de son intention.

ENTRER EN RÉSONANCE

Inspirez-vous des offrandes quotidiennes faites par les Balinais aux dieux, aux ancêtres, aux esprits et aux démons de leur île. Elles sont composées d'Eau, de fleurs issues de la Terre, du Feu qui brûle et éclaire, de sons – chant, musique ou poésie – qui vibrent dans l'Air, de fumées d'encens qui se diffusent dans l'Éther. En entrant en résonance avec ces cinq éléments, leurs cinq sens s'élèvent.

« Le ciel, c'est de pressentir que tout ce que je ne mettrai pas au monde de gratitude et de célébration n'y sera pas.
Le ciel, c'est la reddition, la fin de la croisade, les armes baissées.
C'est la goutte de miel de l'instant sur la langue.
J'ai beaucoup fait pour ce monde quand je suspends ma course pour dire merci… »
Christiane Singer, 2001

SEMER À TOUS VENTS

Le mot « bénédiction » vient du latin *benedicere*, « dire du bien ». Prononcez des paroles bienveillantes et des pensées positives, gratuites. Formulez sans limites des vœux de bonheur, des souhaits de protection, des pensées d'abondance, pour vous-même et pour les autres. Semez ces bénédictions comme le pissenlit confie ses graines au vent, afin qu'elles trouvent un sol fertile, germent et fleurissent.

LA TÊTE DANS LES ÉTOILES

L'obscurité est mystérieuse, parfois inquiétante. Elle est aussi pleine de vie et ses ombres révèlent la lumière. Sens à l'affût, apprivoisez la nuit et partez à la conquête de l'espace.

À LA BELLE ÉTOILE

Avoir la terre pour lit et le ciel pour toit est une expérience inoubliable. Moins pour un sommeil de qualité que pour un festival de sensations inédites.

- *Choisir un lieu :* Pour éviter d'importuner les animaux ou d'être dérangé par eux, installez-vous dans une zone dégagée, sans arbres au-dessus de votre tête. Éloignez-vous des troupeaux et des points d'eau qui sont sources d'insectes. Sur la plage, il n'est pas toujours facile de trouver un endroit à l'abri des regards mais restez largement hors d'atteinte de la marée montante.

- *Faire son lit :* Ni dans un creux, ni dans une pente. Pour le matelas, plusieurs solutions : un petit matelas mousse ou un matelas de fougères, de feuilles sèches, de paille ou de foin, posé sur une bâche en plastique pour l'isoler de l'humidité du sol. Calez la bâche avec de gros cailloux pour éviter tout bruit. Gardez une partie libre pour vous couvrir à l'heure de la rosée, entre 5 et 7 heures. Si vous vous couvrez d'un film plastique toute la nuit, vous risquez d'être trempé de transpiration. Oubliez aussi les couvertures de survie en « papier alu » qui grincent au moindre mouvement. Enfin, pour profiter du lever de soleil, orientez votre couchage vers l'est.

- *Avoir chaud :* Une bonne solution est d'enfiler deux duvets légers l'un dans l'autre. Portez des vêtements chauds et n'oubliez pas votre bonnet.

- *Trucs en plus :* Placez vos vêtements du jour et vos chaussures à l'abri de la rosée dans un grand sac en plastique. Ne gardez pas de nourriture près de vous, accrochez-la dans un arbre. Brûlez ou enterrez le papier toilette, prévoyez un sac poubelle pour vos déchets.

DES BRUITS DANS LA NUIT

La nuit bruisse de sons – chants, craquements, grignotis –, amplifiés par le silence et l'obscurité. Pour mieux capter les bruits légers ou lointains, ouvrez la bouche en O, placez vos mains derrière vos oreilles comme des radars et tournez lentement la tête en direction de la source du son. Ce zigzag soyeux au-dessus de votre tête est celui d'une chauve-souris. Ne croyez pas la légende, elles ont d'excellents sonars et ne s'accrochent pas dans les cheveux. Quant à l'ombre qui vole en silence d'arbre en arbre grâce à ses plumes couvertes d'un velours de duvet, c'est un hibou ou une chouette en chasse. Mais nul besoin d'amplificateur pour entendre le tapage de feuilles froissées d'un hérisson en vadrouille, le brame sonore du cerf à l'automne ou les aboiements brefs et rauques des chevreuils en fin du printemps.

LES YEUX BRILLANTS

À l'heure où les humains rentrent chez eux, la vie nocturne se déploie dans la nature. Ce cyclope vert au ras du sol est un ver luisant femelle qui envoie des signaux bioluminescents aux mâles alentour. Deux yeux verts réfléchissant la lumière de votre lampe de poche sont ceux d'une grenouille ou d'un crapaud. Attention, l'eau n'est peut-être pas loin. Deux yeux bleu-vert : c'est une brebis, un chat ou un renard. S'ils sont blanc-jaune, ils peuvent appartenir à un chien (ou à un loup…).

VERS L'INFINI ET AU-DELÀ

Allongez-vous sur le sol, avec plaid et pull si besoin est. Si vous écartez largement les bras et les jambes, vous adopterez la posture de « l'étoile à cinq branches ». Ajustez-la pour être parfaitement confortable. Votre regard peut voguer, libre, parmi les nuages, la lune, les étoiles. Imaginez que vous flânez dans le cosmos, au milieu des astres. Laissez-vous imprégner de cet espace, illimité et infini.

BALADE ASTRALE

Pour une observation optimale des étoiles, préférez une nuit sans lune et éloignez-vous des lumières artificielles. Si vous avez besoin d'une lampe, choisissez-en une avec un éclairage rouge qui préserve la vision nocturne. En quelques minutes, vos pupilles se dilateront et vos yeux s'accoutumeront à l'obscurité. Apprenez à vous promener dans le paysage astral, c'est plus facile qu'il n'y paraît. Les étoiles gardent toujours leur position les unes par rapport aux autres et parcourent chaque nuit le même chemin. Comme le Soleil, elles semblent se lever à l'est et décrire une courbe pour redescendre à l'ouest. Le seul point fixe est l'étoile Polaire, située à peu près au dessus du pôle Nord. C'est un repère très utile : partez du côté de la Grande Ourse (dite le Chariot ou la Casserole), et 4 fois sa longueur vous amènent à la Polaire. Celle-ci est aussi la queue de la Petite Ourse. En symétrie à la Polaire, Cassiopée étend son grand W et, sous la queue de la Grande Ourse, la Couronne boréale aligne ses perles en demi-cercle. En été, plissez légèrement les yeux et trois étoiles très lumineuses sortent du lot, elles forment le grand « Triangle d'été », composé de Deneb de la constellation du Cygne (une immense croix, vers le sud), d'Altaïr de l'Aigle (une croix plus petite) et de Véga de la Lyre, en forme de V.

« La nuit n'est pas ce que l'on croit, revers du feu, chute du jour et négation de la lumière, mais subterfuge fait pour nous ouvrir les yeux sur ce qui reste irrévélé tant qu'on l'éclaire. »

Philippe Jaccottet, 1958

« Tout en ayant l'air d'être complètement perdus au sein de l'Univers, nous pouvons supposer que nous sommes la conscience éveillée et le cœur battant de la matière ; l'Univers pense en nous autant que nous pensons à lui. »

François Cheng, 2006

VERTIGES GALACTIQUES

Observer le cosmos fait changer nos vies d'échelle. La Voie lactée, notre galaxie, compte environ 230 milliards d'étoiles, parmi lesquelles notre bon vieux Soleil, âgé de 4,57 milliards d'années. Ces étoiles sont disposées en une spirale de plus de 100 000 années-lumière de diamètre (une année-lumière = environ 10 000 milliards de kilomètres). En dehors du Soleil, l'étoile la plus proche de nous est Proxima du Centaure, à 4,2 années-lumière de distance. Des sept étoiles formant la Grande Ourse, la plus proche est Mizar, à 78,2 années-lumière. Sa lumière met donc un peu plus de 78 ans à nous parvenir. Quant à la plus grosse étoile connue dans l'Univers, elle porte le joli nom de R 136a. Située dans le Grand Nuage de Magellan, une galaxie « voisine » séparée de la nôtre par seulement 165 000 années-lumière, cette hyper-géante bleue libère à chaque seconde une énergie dix millions de fois supérieure à celle du Soleil. Malgré leur gigantisme, ces étoiles ne sont que la pointe éclairée d'un iceberg d'inconnu. « *Des 100 milliards de soleils dans chacune des 100 milliards de galaxies, la matière lumineuse que nous voyons ne constitue que 0,5 % de l'Univers, l'énergie noire et la masse noire constituant 99,5 % de l'Univers* », reconnaît l'astrophysicien Trinh Xuan Thuan.

PLUIE D'ÉTOILES

Vos chances de voir des étoiles filantes sont décuplées pendant les Perséides, lorsque l'orbite de la Terre croise la queue de la comète Swift-Tuttle, de fin juillet à fin août, avec un summum entre le 11 et 15 août. En hiver, le même phénomène se produit à la mi-décembre avec les Géminides, grâce aux débris de l'astéroïde Phaéton qui traversent la constellation des Gémeaux. N'oubliez pas de faire des vœux !

VOIR PLUS LOIN

- Les nuits des Étoiles : durant trois jours, au début d'août, professionnels et amateurs passionnés sortent leurs télescopes pour emmener le public en balade astronomique.
- Plusieurs applis proposent des cartes du ciel en temps réel pour identifier rapidement les constellations.

DANSE AVEC LA LUNE

À la surface de la Lune s'étendent les mers de la Tranquillité et de la Sérénité mais aussi l'océan des Tempêtes et la mer des Crises. La Lune est ainsi, changeante, puissante, subtile. Suivez le mouvement...

L'INFLUENCE DE LA LUNE

La croyance tient bon mais aucune statistique n'étaye une augmentation des naissances, des morts ou des crimes les soirs de pleine lune. En revanche la Lune a une réelle influence sur notre planète et sur le corps humain. Sa force d'attraction est la principale responsable des marées océanes. Elle est parfois si puissante qu'elle soulève aussi la croûte terrestre. La sève et les fluides corporels, notamment le sang, subissent aussi cette force. Ainsi la pleine lune augmente nettement le débit du sang et dilate les microvaisseaux.

FÉMININE ET ANIMALE

Liée à la nuit et à l'eau, la Lune est la compagne de l'imaginaire, de la fertilité, de la féminité. Son cycle et le cycle menstruel semblent liés sur plus ou moins 28 jours, même s'ils ne coïncident pas toujours parfaitement. Que nous soyons homme ou femme, nous pouvons expérimenter cette part féminine de nous-mêmes. Selon les phases, elle est douce ou ardente, contemplative ou dynamique. Comme la Lune, elle croît, atteint son apogée, décroît, semble disparaître puis renaît, en un mouvement éternel. La Lune ne brille pas mais reflète la lumière du Soleil. Elle est passive mais pas inactive, régnant sur les énergies subtiles, l'intuition, la mémoire, l'inconscient, le caché. D'où, sans doute, cette association de la pleine lune à la légende des loups-garous, à ce jaillissement d'une animalité irrépressible. Par une nuit illuminée, autorisez-vous à chanter ou à hurler à la Lune et sentez vibrer et bondir votre part sauvage.

LE BALLET LUNAIRE

Les phases de la Lune correspondent aux parties illuminées par le Soleil qui sont visibles de la Terre. Tout commence par la nouvelle lune. La Lune est alors invisible car elle se trouve exactement entre le Soleil et la Terre et nous présente sa face obscure. Puis apparaissent le premier croissant, le premier quartier, la Lune gibbeuse (c'est-à-dire « dont on voit les reliefs ») montante, la pleine lune, la Lune gibbeuse descendante, le dernier quartier, le dernier croissant.

DANSE SÉLÉNIENNE

Séléné, la déesse grecque de la pleine lune, a peut-être soufflé à Isadora Duncan sa « danse de l'avenir » inspirée des mouvements de la nature, des arbres, des vagues, de la brise ou de la neige. Audacieuse et indépendante, Duncan la révolutionnaire proclamait que les vêtements entravent les danseurs, que la nudité « est de la beauté », « de l'art ». Elle-même dansait pieds nus, nue sous une toge légère, avec des gestes simples et naturels guidés par ses émotions. Goûtez cette céleste libération : profitez du secret d'une tiède nuit d'été pour laisser danser votre corps sous la Lune, aussi nu que possible.

LA POSTURE DE LA DEMI-LUNE

Cette posture courbe le corps comme un croissant, les pieds sur Terre, une main vers le cosmos.

- *Commencez par échauffer vos flancs, votre colonne. Étirez-vous en poussant le sommet du crâne vers le ciel, les deux pieds bien enracinés au sol. Serrez abdominaux et fessiers.*

- *La main droite posée sur la hanche, levez le bras gauche au-dessus de la tête, et étirez-le avant de vous pencher vers la droite. Veillez à ne pas vous tordre, ni vers le haut ou vers le bas.*

- *Plusieurs fois ce mouvement ample, d'un côté et de l'autre. Revenez debout, dans l'axe. Grandissez-vous, poitrine ouverte.*

- *Prenez la posture.*
À l'inspir, amenez le bras gauche au-dessus de la tête.
À l'expir, relâchez l'épaule.
À l'inspir, étirez le bras jusqu'au bout des doigts.
À l'expir, penchez-vous en laissant partir la hanche, la tête dans l'alignement de la colonne vertébrale. La main droite glisse le long de la cuisse et permet de vérifier que le corps reste dans l'axe latéral.
Respirez dans le côté ouvert, le temps qui vous paraît juste.

- *Mobilisez les abdominaux pour revenir à la verticale. Laissez un temps d'observation, quelques respirations naturelles avant de prendre la posture de l'autre côté.*

- *Puis venez en détente, allongé ou assis dos rond, tête relâchée.*

ASTRE FANTASQUE

La Lune est l'astre le plus changeant du ciel. Une lunaison, qui est l'intervalle séparant deux nouvelles lunes, est en théorie et en moyenne de 29 jours. Mais les attractions réciproques entre la Terre, la Lune et le Soleil peuvent le faire varier de plus de quatre jours ! En ajoutant leurs rotations et inclinaisons respectives – et la Lune oscille tant et plus sur son axe –, le calcul de la capricieuse orbite lunaire est un casse-tête depuis l'Antiquité. La pleine lune peut aussi bien culminer très haut dans le ciel au solstice d'hiver que raser l'horizon au solstice d'été. D'où le qualificatif de « lunatique » pour qualifier les caractères fantaisistes et changeants…

« Le vent ?
Je suis le vent.
La mer et la lune ?
Je suis la mer et la lune.
Les larmes, la douleur,
l'amour, le vol des oiseaux?
Je suis tout cela. Le péché,
la prière, le vol, la lumière...
Je danse ce que je suis. »
Isadora
Duncan, 1924

DANSER PLUS LOIN…

- La Danse libre, une pratique chorégraphique fondée sur les mouvements naturels du corps et de la Nature, dans l'esprit d'Isadora Duncan.
- La Biodanza ou « Danse de la vie », une méthode à base d'exercices dansés en groupe pour développer l'équilibre personnel, la santé et la joie.

MON CARNET D'EXPÉRIENCES

Date :

Heure :

Lieu :

MON ÉTAT D'ESPRIT :

CE QUE M'OFFRE LA NATURE ENVIRONNANTE :

CE QUE J'OFFRE EN RETOUR :

LES COULEURS,
LES ODEURS, LES SONS
AUTOUR DE MOI :

....

....

....

....

....

Ma pensée positive

MES NOTES, MES CROQUIS

Date :

Heure :

Lieu :

MON ÉTAT D'ESPRIT :

CE QUE M'OFFRE LA NATURE ENVIRONNANTE :

CE QUE J'OFFRE EN RETOUR :

LES COULEURS,
LES ODEURS, LES SONS
AUTOUR DE MOI :

Ma pensée positive

MES NOTES, MES CROQUIS

Date :

Heure :

Lieu :

MON ÉTAT D'ESPRIT :

CE QUE M'OFFRE LA NATURE ENVIRONNANTE :

CE QUE J'OFFRE EN RETOUR :

LES COULEURS,
LES ODEURS, LES SONS
AUTOUR DE MOI :

Ma pensée positive

MES NOTES, MES CROQUIS

Date :
Heure :
Lieu :

MON ÉTAT D'ESPRIT :

CE QUE M'OFFRE LA NATURE ENVIRONNANTE :

CE QUE J'OFFRE EN RETOUR :

LES COULEURS,
LES ODEURS, LES SONS
AUTOUR DE MOI :

Ma pensée positive

MES NOTES, MES CROQUIS

BIO DE L'AUTEUR

Éprise de la mer et de la nature sauvage, amoureuse des arbres, des fleurs et des jardins, Florence Thinard est l'auteure de plusieurs ouvrages sur les plantes parus aux éditions Plume de carotte ainsi que de nombreux documentaires et romans pour la jeunesse. Accompagnée par le yoga depuis son enfance, elle obtient un diplôme de la FNEY (Fédération nationale des enseignants de yoga) afin de pouvoir le transmettre. Ces passions se mêlent dans ce guide, condensé de pratiques de bien-être et de savoirs sur la Nature.

Merci à Alena Franz pour les bains froids, à Florence Duc pour les orteils-racines, à Marie-Thérèse Colombani pour les petites pierres.

BIBLIOGRAPHIE

Petit traité de philosophie naturelle
Kathleen Dean Moore, *Gallmeister, 2006*

Balade d'hiver, Couleurs d'automne
Henry David Thoreau, *éditions Mille et Une Nuits, 2003, 2007*

Écopsychologie pratique, et rituels pour la Terre
Joanna Macy, *éditions Le Souffle d'or, 2008*

Le Régal végétal : reconnaître et cuisiner les plantes comestibles
François Couplan, *éditions Sang de la Terre, 2015*

Manger sauvage ! Cueillettes gourmandes en pleine nature
Richard Mabey, *Larousse, 2013*

La Cuisine des plantes sauvages
Anne Richard et Pierre Vaillant, *Geste Editions, 2008*

Les Glaneurs et la Glaneuse
Film d'Agnès Varda, *1999*

L'Énergie des arbres
Hors série Plantes et santé, 2014, www.plantes-et-sante.fr

Le Bonheur en marchant
Yves Paccalet , *éditions JC Lattès, 2000*

Yoga-Sutras
Patanjali, traduction Françoise Mazet, *Albin Michel, 1991*

Global burn-out
Pascal Chabot, *PUF, 2013*

Libérez votre créativité
Julia Cameron, *J'ai lu, 2006*

Éditions Plume de carotte,
28, impasse des Bons-Amis, 31200 Toulouse
E-mail : contact@plumedecarotte.com
Site : www.plumedecarotte.com

Textes : Florence Thinard
Illustrations : Cécile Hudrisier
Création graphique et mise en page : Guy de Guglielmi
Suivi éditorial : Audrey Calvo-Guiochet (Plume de carotte)
avec le soutien de Camille Boillet
Correction : Claire Debout

Crédit photographique :
p. 5 : ©Fotolia/Scisetti Alfio ; p. 9 : ©Fotolia/JPC-PROD ; p. 12 : ©Fotolia/Alexander Potapov ; p. 14 : ©Fotolia/Marilyn Barbone ; p. 17 : ©Fotolia/Destillat ; p. 18 : ©Fotolia/Stephan Bormotov ; p. 21 : ©Fotolia/Rufar ; p. 23 : ©Fotolia/Tsach ; p. 26 : ©Fotolia/Ksena32 ; p. 26 : ©Fotolia/Anatoli ; p. 32 : ©Fotolia/eyetronic ; p. 34 : ©Fotolia/29mokara ; p. 39 : ©Fotolia/Natali Terr ; p. 45 : ©Fotolia/littlestocker ; p. 47 : ©Fotolia/Denyshutter ; p. 49 : ©Fotolia/Taddeus ; p. 54 : ©Fotolia/Thomas Pajot ; p. 64 : ©Fotolia/Lily ; p. 85 : ©Fotolia/Natika ; p. 89 : ©Fotolia/mtruchon ; p. 91 : ©Fotolia/vivat ; p. 94 : ©Fotolia/vchalup ; p. 69 : ©Fotolia/neirfy ; p. 75 : ©Fotolia/Catwoman

Dépôt légal : avril 2016
ISBN : 978-2-36672-098-3

Imprimerie Pollina, Luçon (85), France, mars 2016.
(Numéro d'impression 75934)

Cet ouvrage a été réalisé avec le soutien du Conseil régional de Languedoc-Roussillon Midi-Pyrénées et du Centre régional des lettres.

Depuis 2008, Plume de carotte est engagée dans une démarche de qualité environnementale, sur son activité de conception et de réalisation de livres.
Ainsi, tous nos livres sont conçus et fabriqués :

- avec des papiers plus respectueux de l'environnement,
- avec des encres à base d'huile végétale,
- chez des imprimeurs situés à moins de 1 000 km de nos locaux et de ceux de notre distributeur.

Pour en savoir plus : www.plumedecarotte.com, rubrique « Qui sommes-nous ? »